PROJECT MANAGEMENT
MATURITY MODEL

项目管理
成熟度模型

[美] J. 肯特·克劳福德（J. Kent Crawford） 著

杨相礼　朱连宏　张　巍　赵林榜　张洋铭　译

北京理工大学出版社
BEIJING INSTITUTE OF TECHNOLOGY PRESS

版权专有　侵权必究

图书在版编目（CIP）数据

项目管理成熟度模型 /（美）J. 肯特·克劳福德著；杨相礼等译. -- 北京：北京理工大学出版社，2023.11
书名原文：Project Management Maturity Model
ISBN 978-7-5763-3105-9

Ⅰ. ①项… Ⅱ. ①J… ②杨… Ⅲ. ①项目管理 Ⅳ. ①F224.5

中国国家版本馆 CIP 数据核字（2023）第 232294 号

北京市版权局著作权合同登记号 图字 01-2023-4526

Project Management Maturity Model, 4th Edition
By J. Kent Crawford / ISBN: 9781003129523
Copyright © 2021 by CRC Press
Authorised translation from English language edition published by CRC Press, part of Taylor & Francis Group LLC; All rights reserved.
本书原版由 Taylor & Francis 出版集团旗下，CRC 出版公司出版，并经其授权翻译出版。版权所有，侵权必究。
Beijing Institute of Technology Press Co., Ltd. is authorized to publish and distribute exclusively the Chinese (Simplified Characters) language edition. This edition is authorized for sale throughout Mainland of China. No part of the publication may be reproduced or distributed by any means, or stored in a database or retrieval system, without the prior written permission of the publisher.
本书中文简体翻译版授权由北京理工大学出版社独家出版并仅限在中国大陆地区销售，未经出版者书面许可，不得以任何方式复制或发行本书的任何部分。
Copies of this book sold without a Taylor & Francis sticker on the cover are unauthorized and illegal.
本书贴有 Taylor & Francis 公司防伪标签，无标签者不得销售。

责任编辑：申玉琴	文案编辑：申玉琴
责任校对：周瑞红	责任印制：李志强

出版发行	/ 北京理工大学出版社有限责任公司
社　　址	/ 北京市丰台区四合庄路 6 号
邮　　编	/ 100070
电　　话	/（010）68944439（学术售后服务热线）
网　　址	/ http://www.bitpress.com.cn

版 印 次	/ 2023 年 11 月第 1 版第 1 次印刷
印　　刷	/ 保定市中画美凯印刷有限公司
开　　本	/ 710 mm × 1000 mm　1/16
印　　张	/ 11
字　　数	/ 182 千字
定　　价	/ 76.00 元

图书出现印装质量问题，请拨打售后服务热线，负责调换

译者序

项目管理成熟度（Project Management Maturity，PMM）是指组织在项目实施过程中，为达成其战略目标，在遴选和管理项目时呈现出来的整体水平。项目管理成熟度模型（Project Management Maturity Model，PMMM）描述了组织在项目管理方面，由混乱、不成熟状态到制度化、成熟状态所经历的普遍阶段和一般过程，是用来辅助开展项目管理评估、推进管理水平跃升的一种方法工具。项目管理成熟度模型概念，是由美国卡耐基梅隆大学软件工程研究所（SEI）"能力成熟度模型"（CMM）发展而来的，SEI-CMM在解决软件开发过程难题方面取得一定成功，引起管理学界高度重视和纷纷效仿。一些项目管理研究人员从"如何提升项目管理能力"视角出发，参照SEI-CMM模型提出了一系列项目管理成熟度模型。目前，在国际上有一定影响力的项目管理成熟度模型包括：英国商务部发布的P3M3、美国项目管理协会（PMI）的OPM3，美国著名咨询顾问Harold-Kerzner博士提出的K-PMMM，加州大学伯克利分校Young Hoon Kwak博士和C.Willian博士联合开发的（PM）2模型等。

项目管理成熟度模型PMMMSM，由美国项目管理解决方案公司（Project Management Solutions，Inc.）于2002年首次发布，至今已更新迭代四个版本，本书主要介绍其最新的第四版模型。该模型将SEI能力成熟度模型与PMI项目管理知识体系结合起来，囊括五个成熟度级别和十大知识领域，每一知识领域又可进一步细分为关键组成部分，旨在提供一款面向项目管理过程的渐进式优化模型，用于评估组织的项目管理能力并提供改进路径。鉴于该模型基于成熟普适的知识体系，在实际应用过程中得到很多企业认可，最新版模型也集成了敏捷自适应理论，创新了项目管理流程优化方法，提出了模型部署建议，适用于项目管理从业人员和研究学者参考使用。

前言 PREFACE

项目管理解决方案公司（PM Solutions）是一家从事管理咨询、培训和研究的公司，致力于帮助公司优化业务绩效，并通过项目管理改进举措，成功执行公司的战略。其核心服务包括项目组合管理，项目人员配备和外包，项目管理成熟度评估、流程和方法开发，项目办公室部署和增强，项目管理技术集成、价值衡量，通过项目管理学院提供企业培训。

项目管理解决方案公司的基石产品是项目管理成熟度模型。该模型能够帮助各个组织机构在改进其项目管理流程方面获得成功。该模型还被用于整个行业的项目管理实践，成为衡量项目管理成熟度的行业标准。本书全面介绍了该模型，并提供了一个全面的工具来帮助组织机构的项目管理改进。

项目管理解决方案公司的项目管理成熟度模型为组织机构提供了一个概念框架，该框架可以优化特定的项目管理流程，从而有效地提高组织机构的能力。

项目管理成熟度模型提供的最佳实践将帮助您：

（1）确定组织机构项目管理流程的成熟度。

（2）规划一条逻辑路径来改进组织机构的流程。

（3）为短期的流程改进行动设定优先级。

（4）明确项目管理办公室的需求，并评估它在组织机构中的位置。

（5）根据项目管理改进计划跟踪项目进度。

（6）建立卓越的项目管理文化。

（7）评估组织机构的自适应和敏捷性。

通过将注意力关注到特定的流程和原则上，组织机构能够最好地利用资源进行改进活动，同时围绕具体的目标团结整个组织机构；也可以将项目管理成熟度模型当作一个路线图，向整个组织机构展示如何系统地走向更优的绩效水平，以及如何以更有效和高效的方式实现这一绩效水平。经过客观评估后，组织机构就能够设定目标来提升组织流程的能力。本书的最终目标是帮助提高组织机构的项目管理流程和业务绩效的能力。

最新版的《项目管理成熟度模型》（2002 年首次出版）不仅反映了公司内部项目环境的重要变化，还反映了我们对项目管理在公司内部以及更广阔的商业世界中的作用的看法。自从该模型首次向公众展示以来，经济格局、世界市场、计算机安全威胁以及管理商业实践的立法等领域的不断变化，使项目管理原则和纪律对于成功实施商业战略变得更加重要。特别是 2020 年新冠病毒大流行期间（我们正在编辑该版），对敏捷性和强大的风险管理流程的需求越来越迫切。

此外，项目管理协会标准文件——《项目管理知识体系指南》（PMBOK® Guide）第六版于 2017 年年底发布。由于我们自己的模型应用的是该标准的逻辑框架，因此对新版《项目管理知识体系指南》中的变化我们必须进行对应的调整。其中多数内容变化很小，但用于描述项目流程和知识领域的语言发生了重大变化。为此，我们拓宽了资源管理的定义，以包括项目所需的实体资源，并细化了进度管理知识领域的重点。

项目管理协会《项目管理知识体系指南》第六版的最大变化，就是包含了自适应与敏捷语言。越来越多的组织正在探索或已经采用自适应与敏捷方法，特别是在混合生命周期中，在项目中同时使用传统的项目管理方法与迭代或敏捷方法。在《项目管理成熟度模型》第四版中，我们将在十个知识领域、三个特殊兴趣内容以及项目组合管理成熟度模型中介绍混合生命周期中的自适应/敏捷性环境。虽然与混合生命周期相关联，但我们的方法也可用于为敏捷计划制定自适应/敏捷性环境。在开发该方法时，我们使用了《敏捷软件开发宣言的价值观和原则》作为基础和指南，将自适应与敏捷方法集成到我们的成熟度模型中。

《项目管理成熟度模型》第四版还包括我们已经扩展和更新的项目组合管理成熟度模型。我们发现，这个单独模型的组织范围能够将与组织变革管理和收益实现管理相关的问题纳入其中，而这正是本版的新焦点。

致谢

对于我们项目管理解决方案公司（PM Solutions）许多同事的工作成绩，我感到非常自豪并表示充分认可。在过去几年中，我们的分析人员为《项目管理成熟度模型》第一版至第三版提供了大量的最佳商业实践。《项目管理成熟度模型》第四版进一步融合了六年多来世界领先组织机构的实践经验，并对这些经验进行了提炼。

我想对项目管理解决方案公司的每一位顾问和分析人员说声"谢谢"，他们使用项目管理成熟度模型（PMMM^{SM}）为我们的客户衡量了其组织机构的成熟度，推进了其组织文化的变革，并执行了数据结构极其繁杂的模型。他们的工作使《项目管理成熟度模型》第四版对模型进行的微调得以实现。

由于该领域的顾问们还会对模型不断进行改进，因此他们手中的工作并不是模型的最后版本。事实上，《项目管理成熟度模型》第四版所依据的许多"活文献"已经得到了更多的更新和调整。

特别要感谢我们团队的成员，他们知识渊博，不仅更新了现有模型，还创建了新的包含在第四版中的自适应/敏捷性环境内容：阿兰·费恩（Alan Fein）领导了这项工作，并将第三版模型与《项目管理知识体系指南》（PMBOK® Guide）第六版进行了细致的比较，布拉德·克拉克（Brad Clark）为模型的每个章节创建了新的自适应/敏捷性环境内容，加里·阿尔沃德（Gary Alvord）是组织变革管理方面的行业专家，其协助西尼·尼普顿（Sydni Neptune）创建了术语表。当然，如果没有编辑珍妮特·卡巴尼斯·布鲁因（Jeannette Cabanis–Brewin）认真且细致的工作，这本书也不可能出版。珍妮特在研究、改写和编辑方面的努力使《项目管理成熟度模型》的改版成为可能。

同时也感谢读者们，感谢你们对项目管理的兴趣，感谢你们对本书中所包含的多年经验的学习热情。通过在你们的组织机构中建立成功的项目管理文化，你们将持续发展并扩展世界上最具活力和成长性的职业。

J. 肯特·克劳福德
项目管理解决方案公司首席执行官

本书的组织方式

第一章描述了项目管理成熟度,并简要描述了项目管理解决方案公司的项目管理成熟度模型(PMMM^{SM})。本章还介绍了使用此模型对组织机构评估的过程,并罗列了使用该模型进行评估的最佳实践。

第二章至第十二章是项目管理成熟度模型的核心。第二章定义了项目管理成熟度的级别(从一级到五级)。接下来的章节标题完全按照项目管理协会标准《项目管理知识体系指南》第六版中规定的十个项目管理知识领域编排。在这几章中,我们对每个知识领域进行了成熟度级别定义。

为了使定义尽可能完整,我们将这些知识领域分解为特定的组成部分,并逐级描述每个组成部分的渐进成熟度(见图0.1)。第三章至第十二章的结构如下:

(1)《项目管理知识体系指南》知识领域(章节标题)。
(2)概述。
(3)知识领域的内容。
(4)与知识领域特定利益内容(只有具有相关性时才讨论)相关的敏捷性和自适应实践。
(5)成熟度级别特征(针对一级到五级),并描述每个级别的内容质量。

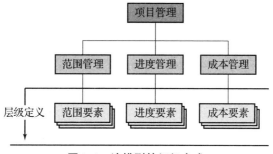

图0.1 该模型的组织方式

备注:*内容成熟度的定义按知识领域的级别划分。一个组织在给定的知识领域级别上取得的成就是累积的,也就是说,对于每个后续的项目管理成熟度模型级别,假设该知识领域的前一级别的所有标准都(或已经)得到满足。以级别五为例,假定级别一到四已经实现了。*

在第十三章我们解决一个问题：现在怎么办？流程成熟度的评估本身并不是目的，而是改进流程和组织的跳板。本章介绍了采用何种策略将您从评估流程中获得的自我认知持续进行部署。读过以前版本的读者会注意到，关于如何使用评估结果的部分已经从第一章移到了这里。

本版新增了结语，介绍了项目管理协会的标准即将发生的重大变化。由于我们的模型一直是在《项目管理知识体系指南》知识领域的框架上构建的，因此我们认为，如何使该模型与未来版本的标准保持一致是非常重要的，其重要性甚至超过知识领域。

最后，附录提供了如何对您的组织项目管理成熟度进行自我评估的清单，以及项目管理解决方案公司的项目管理成熟度模型的更新版本，还包含与敏捷性和自适应项目管理相关的术语表。

目　录
CONTENTS

第一章　项目管理成熟度模型 ································· 001
　　一、项目管理成熟度模型 ································· 002
　　二、模型说明 ··· 002
　　三、项目管理办公室 ··································· 007
　　四、管理监督 ··· 007
　　五、职业发展 ··· 008
　　六、关于成熟度级别 ··································· 008
　　七、评估您的级别 ····································· 009
　　八、成熟度达到第三级及以上 ··························· 010
　　九、成熟度达到第四级 ································· 011
　　十、成熟度达到第五级 ································· 011
　　十一、结论 ··· 012

第二章　成熟度级别的定义 ····························· 013
　　一、第一级：初始流程 ································· 013
　　二、第二级：结构化流程与标准 ························· 013
　　三、第三级：组织标准和制度化流程 ····················· 013
　　四、第四级：管理流程 ································· 014
　　五、第五级：优化的流程 ······························· 014

第三章　项目集成管理 ································· 015
　　一、项目集成管理的组成部分 ··························· 015
　　二、第一级：初始流程 ································· 017

三、第二级：结构化流程与标准 ·· 019

　　四、第三级：组织标准和制度化流程 ·· 022

　　五、第四级：管理流程 ·· 025

　　六、第五级：优化的流程 ··· 028

第四章　项目范围管理 ·· 032

　　一、项目范围管理的组成部分 ·· 032

　　二、第一级：初始流程 ·· 033

　　三、第二级：结构化流程与标准 ·· 034

　　四、第三级：组织标准和制度化流程 ·· 036

　　五、第四级：管理流程 ·· 037

　　六、第五级：优化的流程 ··· 039

第五章　项目进度管理 ·· 041

　　一、项目进度管理的组成部分 ·· 041

　　二、第一级：初始流程 ·· 042

　　三、第二级：结构化流程与标准 ·· 044

　　四、第三级：组织标准和制度化流程 ·· 046

　　五、第四级：管理流程 ·· 048

　　六、第五级：优化的流程 ··· 049

第六章　项目成本管理 ·· 051

　　一、项目成本管理的组成部分 ·· 051

　　二、第一级：初始流程 ·· 052

　　三、第二级：结构化流程与标准 ·· 053

　　四、第三级：组织标准和制度化流程 ·· 055

　　五、第四级：管理流程 ·· 056

　　六、第五级：优化的流程 ··· 057

第七章　项目质量管理 ·· 059

　　一、项目质量管理的组成部分 ·· 059

　　二、第一级：初始流程 ·· 061

　　三、第二级：结构化流程与标准 ·· 062

　　四、第三级：组织标准和制度化流程 ·· 064

　　五、第四级：管理流程 ·· 066

　　六、第五级：优化的流程 ··· 068

第八章　项目人力资源管理 ··· 070

　　一、项目资源管理的组成部分 ·· 070

　　二、第一级：初始流程 ·· 072

三、第二级：结构化流程与标准 ……………………………………… 073
　　四、第三级：组织标准和制度化流程 …………………………………… 076
　　五、第四级：管理流程 …………………………………………………… 078
　　六、第五级：优化的流程 ………………………………………………… 080
第九章　项目沟通管理 ………………………………………………………… 083
　　一、项目沟通管理组成部分 ……………………………………………… 083
　　二、第一级：初始流程 …………………………………………………… 084
　　三、第二级：结构化流程与标准 ………………………………………… 084
　　四、第三级：组织标准和制度化流程 …………………………………… 086
　　五、第四级：管理流程 …………………………………………………… 086
　　六、第五级：优化的流程 ………………………………………………… 087
第十章　项目风险管理 ………………………………………………………… 088
　　一、项目风险管理组成部分 ……………………………………………… 088
　　二、第一级：初始流程 …………………………………………………… 089
　　三、第二级：结构化流程与标准 ………………………………………… 091
　　四、第三级：组织标准和制度化流程 …………………………………… 092
　　五、第四级：管理流程 …………………………………………………… 094
　　六、第五级：优化的流程 ………………………………………………… 095
第十一章　采购和供应商管理 ………………………………………………… 097
　　一、采购和供应商管理的组成部分 ……………………………………… 097
　　二、第一级：初始流程 …………………………………………………… 098
　　三、第二级：结构化流程与标准 ………………………………………… 099
　　四、第三级：组织标准和制度化流程 …………………………………… 100
　　五、第四级：管理流程 …………………………………………………… 101
　　六、第五级：优化的流程 ………………………………………………… 101
第十二章　项目利益相关者管理 ……………………………………………… 103
　　一、项目利益相关者管理的组成部分 …………………………………… 103
　　二、第一级：初始流程 …………………………………………………… 104
　　三、第二级：结构化流程与标准 ………………………………………… 105
　　四、第三级：组织标准和制度化流程 …………………………………… 105
　　五、第四级：管理流程 …………………………………………………… 107
　　六、第五级：优化的流程 ………………………………………………… 108
第十三章　现在该做什么？利用成熟度评估实现业务目标 ………………… 109
　　一、提高成熟度的商业影响 ……………………………………………… 109
　　二、使用评估结果 ………………………………………………………… 111

结语 ·· 115
    一、展望未来：一种适应未来的模型 ·················· 115
    二、自适应组织 ···································· 115
附录 A   自我评估调查 ······························ 117
附录 B   项目组合管理（PPM）成熟度模型 ············ 123
    一、项目组合管理的八个组成部分 ···················· 123
    二、项目组合管理模型 ······························ 130
附录 C   自适应/敏捷项目管理术语表 ················ 152
参考文献 ·· 160

第一章
项目管理成熟度模型

在这之前,"成熟度"这一概念很少被用来描述组织在执行某些任务时的有效性状态。如今我们发现"成熟度"这一概念被越来越多地用于反映提升组织机构服务水平的逻辑方法。这个概念诞生并发展于软件行业。为什么这个概念在软件行业发生并发展?为什么项目管理专业对它感兴趣?其实这两个问题的答案都集中于一点,即项目(软件开发项目或其他项目)的成功完成都存在巨大的复杂性。

首先观察现有成熟度模型起源的软件工程行业,我们很容易看出有很多方法可以解决任何单个软件问题。与许多其他行业中我们认为"正常"的项目相比,软件开发工作通常包括更多的变量、未知因素和难以确定的因素。正是由于这种复杂性,特定软件项目的预期结果可能比其他任何事情都更依赖于公司中的"明星"开发人员。但不幸的是,一旦"明星"开发人员离开公司或不再参与项目,或者项目变得过于庞大复杂以至于开发人员对项目的影响不再占主导地位时,项目结果可能产生的变量就会变得很大,甚至带来不可避免的失败。如何获得可预测性的结果已成为这些行业的现实挑战。

由此,政府资助开展了广泛研究,探索如何发展和衡量组织在开发软件方面的有效性,这些研究产生了软件工程研究所(Software Engineering Institute)的首个"能力成熟度模型"(Capability Maturity Model),后来该模型发展为"能力成熟度集成模型"(Capability Maturity Model Integrated,CMMI),现在已经发展为能力成熟度集成模型协会。然而,让组织机构的业务达到"可不断重复的结果"这一水平本身就是一个挑战,更不用说对其中相应的流程进行优化了,这一点我们在使用这个模型进行评估时多次看到。

我们这些项目管理领域的从业人员从提高软件行业效率的工作中学到了很多东西。在任何组织机构中应用项目管理概念,与复杂且不确定因素众多的软件开发项目都有许多相似之处。在任何项目环境中获得一致的结果都需要了解和明确大量的变量,这与软件开发行业中存在的变量一样多。在许多项目中我们经常看到项目经理个人的努力以及其取得的成果——这些努力和成果甚至超越了整个系统和流程所取得的成果。但是组织不能依赖个人英雄，当把某个项目经理（就像软件环境中的单一"明星"开发人员）排除在外，也要有能力确保项目成功；组织需要可重复的、可靠的流程，并使之制度化。因此，有必要系统性审查组织对确保项目管理有效性的机制，或者我们所说的项目管理成熟度。

一、项目管理成熟度模型

我们在开展评估的组织机构中发现，多数公司的项目管理机制通常落后于公司内部其他能力的发展。

只有当项目管理的需求变得至关重要时，许多组织才会注意提高项目管理能力。这种缺乏长远眼光的情况经常会造成这样一种境地，即该组织的项目管理系统和基础机构无法支持实现整个项目管理的需求。

为了满足需求，组织机构终于开始积极主动地研究提高项目管理能力所需的基础架构。即需求已经非常迫切，以至于组织必须应对不断增长的业务压力。通常当管理层决定采取积极主动的行动时就会发生这种情况，但此时会面临以下问题：朝哪个方向行动以及行动的目的是什么？

在试图改进组织的基础架构时，许多相互关联的挑战纠缠在一块：项目经理无法获得有效管理所需的信息；管理层未能收到对竣工数据的准确预测；人们对期望的理解不一致；等等。而这些领域通常是成熟度评估发挥作用的地方。

选择任何用于衡量项目管理成熟度的模型都必须为渐进式开发指出一条逻辑路径。知道自己是一个二级组织可能并不重要，重要的是知道必须采取哪些具体行动来推动组织向前发展。

最重要的是，组织有一个愿景，并且正在通过精准的目标和努力来提高项目管理的能力。项目管理能力的提升是通过一步一步前进来实现的，而不是一次性跃升，许多组织永远不需要实现五级成熟度。许多组织机构仅仅达到"可重复的流程"这一级别即可获得显著的收益。实际上，一个衡量项目管理成熟度的好模型能够为组织创建一个战略计划，以推进组织的项目管理能力。

二、模型说明

1. 知识领域的关键属性

项目管理协会的《项目管理知识体系指南》（PMBOK ® Guide）是开始检查项目管理能力的绝佳参考标准。《项目管理知识体系指南》已经是一个公认的标准，其概述的知识领域中包含大量的"最佳实践"信息；但该指南提供的大量信息和知识仍然需要进一步处理。衡量一个组织在任何一个领域的有效性都需要将领域进一步细分为与项目管理成功实施相关的主要组成部分。

项目管理解决方案公司开发的模型利用了《项目管理知识体系指南》中的十个知识领域，并以能力成熟度集成模型协会的"能力成熟度集成模型阶段代表模型"（CMMI Stage Representative Model）为模板。该模型有五个不同的成熟度级别，并依据十个项目管理知识领域来检查组织的实施情况（见图1.1）。下面介绍了与"能力成熟度集成模型阶段代表模型"中类似的五个级别。每个级别代表了一种互不相连的组织能力（基于摘要级特征）。

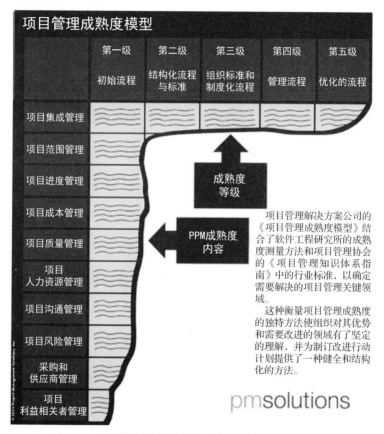

图1.1　项目管理解决方案公司的项目管理成熟度模型

项目管理成熟度模型利用《项目管理知识体系指南》的十个知识领域和能力成熟度集成模型协会的五个成熟度级别作为基本框架。新的自适应/敏捷成熟度模型评估问题包含在每个知识领域以及附录B的项目组合管理成熟度模型中。

2. 项目管理成熟度级别

第一级：初始流程

临时流程

管理意识

第二级：结构化流程与标准

基本流程；并非所有项目都是标准的；用于大型、高度可视化的项目

管理层支持并鼓励使用

融合中间信息和摘要级信息

基于专家知识和一般工具进行评估和规划

以项目为中心

第三级：组织标准和制度化流程

所有项目的所有流程都是标准的，且可重复的

管理层已将流程制度化

摘要级信息及详细信息

确定实际数据基准并开展非正式收集

基于行业标准和组织细节进行评估和规划

以组织为中心

对项目绩效进行非正式分析

第四级：管理流程

将相应流程与公司流程整合

管理层要求合规

管理层从组织实体顶层考虑

对项目绩效开展扎实分析

通常基于组织具体情况开展评估与规划

管理层使用数据做出决策

第五级：优化的流程

确立衡量项目效能和效率的流程

设置提升项目绩效的流程

管理层关注持续改进

3. 一般组成部分说明

由于《项目管理知识体系指南》中每个知识领域的知识需求都非常大，因此有必要将十个知识领域中的每一个都细分为关键组成部分（见图1.2），而这些组成部分正是衡量成熟度的关键部分。例如，在项目范围管理知识领域下，必须衡量六项内容才能有效地理解成熟度。我们在范围管理中确定的六个领域包括：

（1）范围管理规划。

（2）需求采集。

（3）范围定义。

（4）工作结构分解。

(5) 范围验证。
(6) 范围变更控制。
(7) 自适应/敏捷性环境。

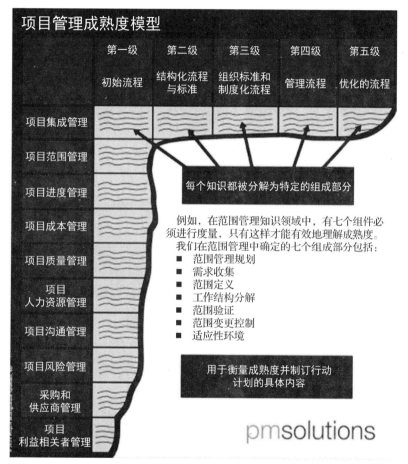

图 1.2　模型中的十个知识领域
此例摘自第四章项目范围管理

这七个组成部分须进行独立审查，才能确定项目范围的定义和控制是否充分。

范围管理规划是定义项目范围的"方法"。该流程描述项目团队如何制定详细的项目范围管理规划，该规划记录了项目团队如何定义、验证和控制项目范围。

需求采集是评估并开发与项目业务和技术需求相关的过程、程序和标准。

范围定义描述了如何制定项目或产品的详细说明。

工作结构分解研究组织以何种形式确定要执行的工作的完整范围，包括查阅相关的词典。

范围验证包括将范围声明的内容作为可接受的交付结果进行验证。

范围变更控制主要关注对项目进行添加、更改和删减的过程。

通过快速浏览这六个组成部分，很容易看出了解项目流程的复杂性是确定项目管理成熟度的关键因素。所有知识领域都必须进行类似的细分。

本版新增的内容包括与自适应/敏捷性环境相关的事实说明，这些说明位于相关性最强的内容描述之下。在我们的范围管理例子中，您会发现在自适应/敏捷性环境的五个范围管理能力级别中定义和阐述的事实与特性。

4. 三个特别领域

项目管理解决方案公司明确，有三个领域或部门对项目管理实践的应用具有重大影响：项目管理办公室（PMO）、管理监督和职业发展。这三个领域在成熟度模型中受到特别关注（见图 1.3）。

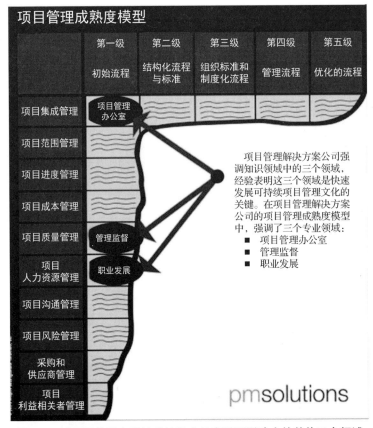

图 1.3　对项目管理实践被采纳程度具有重要影响力的其他三个领域

这部分内容在成熟度模型中受到特别关注。图 1.3 显示了这些特殊领域（项目管理办公室、管理监督和职业发展）的覆盖范围。

三、项目管理办公室

项目管理办公室通过在规划计划、状态报告、项目管理工具以及培训训练等方面为团队提供支持，使项目团队成员更轻松地完成项目。项目管理办公室对项目提供的其他关键支持还包括：对当前的项目成员提供咨询和指导，制定和颁布与项目管理有关的方法和标准，并作为核心资源为项目提供规划和管理方面的帮助。

项目管理办公室通常作为协调中心（使程序和方法的应用保持一致性）来促进项目管理成熟度的提高。通常，如果没有项目管理办公室，组织的项目管理工作是不一致的，而且没有汇聚到一个共同目标上。项目管理办公室是众所周知的"黏合剂"，将组织的项目管理工作黏合在一起。由于项目管理办公室是项目管理集成的重要推动者，因此第三章"项目集成管理"中介绍了这个特殊的组成部分。

敏捷项目管理办公室

传统项目管理办公室从设立到完善通常要经过：从"您需要做一份状态报告和时间跟踪"到"流程警察"（确保实现决策过程改善以及以客户为中心的企业透明与决策过程）。敏捷项目管理办公室对成为"流程警察"没有兴趣，而是努力建立一个敏捷的精益组织，专注于项目组合、战略一致性、数据分析，以推动制定为组织提供有价值的决策。这种价值来自为团队提供工具和咨询服务，将这些工具集成到其他项目管理软件工具中，提供数据分析和报告以及敏捷投资组合和项目级别的主题专业知识。敏捷项目管理办公室旨在帮助组织从预测生命周期转变为自适应/敏捷性环境，并将自身从传统项目管理办公室转变为敏捷项目管理办公室。

四、管理监督

促进项目管理成熟度提高的另一个关键领域是组织的主要领导人在项目管理职能中的管理监督级别和参与程度。这里的底线是，如果管理层没有表现出积极的兴趣，项目管理流程就不太可能得到改进。如果没有人要求项目经理对项目负责并持续地衡量项目绩效，那么一个不利于项目的信号就会发送到项目管理团队手中。公司管理层必须利用项目管理团队提供的数据，并找到使用这些信息来提高组织绩效的方法。

根据管理监督对过程质量的影响，第七章项目质量管理将对管理监督进行阐述。

自适应组织中的管理监督

与预测性的/传统的项目环境不同，根据项目的规模和复杂性，可以有多个级别的管理监督（例如，项目发起人、高层执行官、阶段审查、领导团队等），在自适应/敏捷性环境中，管理监督涉及监督较少，而更多的是参与其中。"敏捷宣言"没有强调监督，而是强调"个人的参与以及跨越流程与工具的交互"和"通过不断的写作谈判而建立的客户协作"的重要性。在某些情况下大型的跨产品计划会成立一个指导委员会，但在大多数情况下，代表产品管理的是产品负责人和产品经理。

五、职业发展

项目经理的持续发展至关重要。项目管理是技术技能、管理技能和领导技能的综合体，几乎没有人天生同时具备这三项能力。我们大多数人都需要不断完善和更新这些技能。

项目管理专业也在不断扩大其知识基础，因此总是有新的技能需要学习。包括我们自己的研究［见《项目恢复战略》（Strategies for Project Recovery）（2011年）和《战略执行基准》（The Strategy Execution Benchmark）（2017年）］在内的许多研究都指出，经过适当培训的项目经理在项目和组织成功中发挥了关键作用。我们将在第八章项目人力资源管理中介绍职业发展。

自适应/敏捷性环境中的职业发展

"敏捷宣言"原则强调了持续职业发展的必要性，"围绕积极主动的人员建立项目，并为他们提供所需的环境和支持"。虽然有持续职业发展的专业认证和需求，但正如"敏捷宣言"原则中所述的那样，团队的结构和成熟度将推动团队及团队成员持续学习，持续关注卓越技术和良好的设计，提高敏捷性。"最好的架构、需求和设计来自自组织的团队"以及团队定期反思如何提高效率，然后进行的相应调整。团队成员需要有证书和实践经验。

六、关于成熟度级别

1. 为什么将软件工程学院能力成熟度模型（SEI CMMs）作为标准

如本章前面所述，通过研究为什么项目通常会延期完成、为什么会超出预算、为什么不能交付最终用户真正想要的东西等问题，产生了能力成熟度集成模型协会的模型。这类模型是一种衡量组织在开发和服务过程中成熟度的方法，通常被认为是成功完成项目的关键。"能力成熟度集成模型"已成为过程建模和评估组织在多个过程领域（如人事管理、系统工程）成熟度的事实标准。由于能力成熟度模型集成概念已被广泛接受，因此开发一个遵循相同结构的项目管理成熟度模型是有意义的。

能力成熟度模型集成的关键应用领域包括《项目管理知识体系指南》中读者熟悉的主题：项目规划、执行、监控和控制。我们的项目管理成熟度模型进一步将这些主题分解为与《项目管理知识体系指南》中所述的每个知识领域相关的内容流程，并为那些具备更敏捷或自适应环境的项目提供更多的过程细节。

2. 针对五个级别进行衡量的注意事项

我们经常看到，新工具或新技术常常被用作解决所有问题的灵丹妙药，成熟度模型也可能会以同样的方式被误用。首先，在开展评估的过程中有可能出现错误。确定一个组织成熟度的正确级别与其说是一门科学，不如说是一门艺术。许多因素在确定成熟度方面起作用，包括个人访谈以及对工艺、流程、标准、知识与公司文化的评估。虽然不太可能出现较大的误差，但在确定级别时存在主观性质。使用经过测试和验证可取得一致性和准确性结果的评估工具是极其重要的。

在成熟度评估过程中会发生什么？任何完全彻底的评估都至少包含以下四个要素。

（1）个人和/或小组访谈。
（2）工艺收集和评估。
（3）广泛的调查输入。
（4）参照既定标准进行比对。

从与项目管理专业人员的直接个人访谈中获得的纪律意识、理解力和认同感几乎无可替代。这是评估的政策实施程度的必要要素。此外，还收集了支持项目管理实施的证据（工艺）。

政策要求的所有文件是否完整？质量好不好？应该了解政策和程序的主要人群是否理解和应用项目管理的概念？项目管理要求的总体观点是什么？

最后，对数据进行综合并将这些信息与一个符合逻辑、合理清晰的既定标准（能够指导前进方向）进行比较是必不可少的。如果一项评估不包含这些要素，就会使组织怀疑该项评估的有效性。

七、评估您的级别

您如何确定您的组织现在所处的层次？可以通过以下两种方法进行评估。

第一种方法是独立评估。

项目管理专家对项目控制、组织结构、项目管理、职业发展、管理技能有深入的了解，再加上项目管理成熟度模型的应用，可对组织机构进行评估。使用一组规定的工具和流程（如项目管理解决方案公司的项目管理成熟度模型评估），这些专家可以确定您的组织在各个知识领域的成熟度级别，并将结果呈现给您的管理团队。

然后，管理团队和评估人员将共同帮助您制订改进计划。当需要外部

"专家声音"与高级管理人员沟通时,这种独立的方法是首选。

第二种方法是推动自我评估。

一个由经验丰富的评估人员组成的小团队将与您的员工代表一起进行自我评估。按照独立评估所遵循的相同程序,这个团队确定您的组织在各个知识领域的成熟度级别,然后与您的管理人员一起制订改进计划,以达到您期望的成熟度级别。

自我评估方法的主要挑战是保持个人调查结果的机密性。

评估实况调查活动包括与工作人员面谈,如果工作人员不愿意与其他工作人员分享负面信息,那么在这些访谈中提供的信息质量可能会出现偏差。自我评估方法也可能受到对更高成熟度级别的固有偏见的影响,因为没有员工喜欢听到(或承认)他们处于第一级成熟度。

项目管理解决方案公司最大限度地缩短提高组织项目管理成熟度所需的时间,其方法是首先在组织当前实践与其期望的成熟度级别之间进行非常详细的差距分析。然后,与组织的执行领导层合作,项目管理解决方案公司为改进活动制订了改进计划的路线图,以及详细的实施和变更管理计划。

通过对项目管理绩效改进路径进行认真排序,组织可以显著减少实现更高成熟度评级所需的时间,并实现有价值的结果,如更短的项目完成时间、更好的项目成本控制、改进战略管理决策以及长期的可持续增长和盈利能力。

八、成熟度达到第三级及以上

大多数组织(根据项目管理解决方案公司的研究,大约90%的公司,无论其规模或行业)都处于第一级或第二级成熟度。一些组织乐于获得第二级的评级。然而,大多数组织(尤其是大型组织)都认识到,达到第三级成熟度评级将为他们提供更高的投资回报(ROI)。

通往第三级成熟度的道路并非一蹴而就。对于那些寻求达到第四级或第五级成熟度评级的组织来说,这条道路可能需要组织付出数年的努力来持续改进。这似乎使提升成熟度成为一项艰难的工作,但事实并非如此。

项目管理解决方案公司的项目管理成熟度模型确定了数百个标准(分为多个组),组织必须满足这些标准才能被视为已达到第三级成熟度评级。许多组织已经满足了大量上述标准,并且拥有许多可以开始快速提高其项目管理能力的基础架构。然而,高级成熟度所需的内容(培训计划、管理支持、可重复流程、主动治理等)往往没有进行有效的整合,导致在某些情况下停滞不前或失去了动力。

通常,许多项目管理要素是可再次拿来应用的,并且不必在组织提高其能力时丢弃。相反,一个精心设计的、顺序正确的、在组织上适当的活动路线图将简化路径，减少改进计划的成本、资源需求和缩小时间框架。

成熟度要达到第三级，所有项目管理流程都必须到位并作为组织标准建立起来。

这些流程涉及外部客户和内部客户，他们是项目团队积极的、不可或缺的成员。大多数项目都使用这些流程，很少有例外。管理层已经将流程和标准制度化，所有流程和标准都有正式文件。管理层定期参与关键决策、文件和项目问题的输入和批准。

项目管理流程通常是自动化的。每个项目都是根据其他项目进行评估和管理的。

值得注意的是，在第三级成熟度，流程必须适应每个项目的特点。一个组织不能盲目地将所有流程模式化地应用于所有项目，这也不是项目所需要的，必须考虑项目之间的差异（如复杂性、规模、持续时间等）。其中，重要的问题是注意流程是如何定制的，也就是说，组织是否有一个流程来定制适合特定项目的活动和实施策略。

九、成熟度达到第四级

成熟度要达到第四级，一个组织的项目管理流程、标准和支持系统必须与其他公司的相应流程和系统整合起来。第四级成熟度的组织，其项目是通过考察它们的历史表现和对未来的希望来管理的。

管理层使用效率和有效性指标来制定有关项目的决策，并了解这些决策将对其他项目产生的影响。所有项目变更和问题都基于基准成本和进度估算、实际状态和收益值计算中的指标进行评估。

管理层清楚地了解其在项目管理过程中的角色，并很好地执行它，在正确的级别上进行管理，并明确区分管理风格和项目管理要求，以适应组织项目的不同规模和复杂性。最终，项目信息与其他公司系统（包括财务和会计、战略管理和资源管理系统）集成，以优化业务决策。

十、成熟度达到第五级

达到第五级成熟度的组织本质上是最好的组织，并在各自的行业部门中为项目管理规程设定了标准。在这些组织中，工作人员组织性很强，并通过持续改进活动优化项目管理实践。

有正式的流程用于持续改进项目管理活动。例如，定期检查经验教训并将其用于改进项目管理流程、标准和文件，从而增加未来项目成功的可能性。在项目执行期间收集的指标不仅用于了解项目的绩效，还用于制定有效的组织管理决策。

十一、结论

对项目管理成熟度进行结构化评估的好处在于设定方向、确定行动的优先级以及启动文化变革,而不是了解组织的当前执行水平,其重点是"结构化"。有一点非常重要,那就是评估是可重复的,提供一致的衡量标准和结果,并促进与其他组织进行某种程度的基准测试。该结构为任何评估提供了基础,可作为"检查"工具来衡量进展和确定下一步合乎逻辑的前进步骤。不管你认可与否,在我们所处的这个复杂的项目管理行业体系中,成熟度评估将成为不可缺少的一部分——在开发与服务行业以及能力成熟度集成模型中也同样重要。

第二章
成熟度级别的定义

项目管理解决方案公司的项目管理成熟度模型的级别定义如下所述。

一、第一级：初始流程

虽然大家都认可项目管理过程是存在的，但是缺乏既定的实践或标准，而且任何程序标准都未要求单个项目管理人员承担具体的责任，相应的文件都不具有强制性而且是临时的。管理层了解项目的定义，有可接受的过程，并意识到项目管理的必要性。项目管理指标也是基于临时需求非正式收集的。

二、第二级：结构化流程与标准

组织机构拥有一些项目管理流程，但组织机构并未将这些管理流程认定为组织标准。

这些基本的项目管理流程都有文档记录。管理层支持实施项目管理，但对项目管理缺乏一致的理解和参与，也没有相应的组织授权用于所有项目的管理。

规模更大、可视度更强的项目（通常以系统的方式执行）包含职能管理。其拥有基本的指标用于跟踪项目成本、进度和技术性能，虽然这些数据可能是手动收集或手动关联的。

可用于管理项目的信息通常既有摘要级数据又有详细级数据。

三、第三级：组织标准和制度化流程

所有项目管理流程均已到位，并作为组织标准建立。这些过程涉及外部客户和内部客户，他们是项目团队中活跃且不可或缺的成员。几乎所有的项目都使用这些流程，只有极少数的例外情况。管理层已经将过程和标准制度化，所有的过程和标准都有正式的文件。管理层定期参加关键项目问题的重要决策及相关文件的输入和批准。项目管理流程通常是自动化的，每个项目都根据其他项目进行评估和管理。

注意：在第三级，流程必须根据每个项目的特点进行调整。一个组织不能盲目地将所有流程完全应用于所有项目，必须考虑到项目之间的差异。重要的一点是注意如何对流程进行定制，也就是说，要确定是否有一个流程来定制适合实施特定项目的过程和策略。

四、第四级：管理流程

项目管理的实施要考虑项目过去的表现及未来的预期。管理层使用效率和效能指标来制定有关项目的决策，并了解这个项目对其他项目的影响。所有项目、调整变更以及相关问题都基于成本估算、基线评估和盈利估算获得的指标来进行评估。项目的信息与公司其他系统整合集成，以优化业务决策。

相应的项目过程和标准被记录在案，并已到位，以支持使用这些指标来制定项目决策。管理层清楚地了解其在项目管理过程中的作用，并能很好地实施，在正确的级别上进行管理，并明确地区分不同规模和复杂性项目的管理风格和项目管理要求。项目管理过程、标准和支持系统与公司其他过程和系统整合集成。

五、第五级：优化的流程

流程已到位，并积极用于改进项目管理活动。定期审查所获得的经验教训，并将其用于改进项目管理过程、标准和文件。管理层和组织不仅将注意力投向管理效率和效益特别好的项目，而且很关注项目管理的持续改进，在项目执行过程中汇集的指标被充分应用；管理层和组织不仅了解项目的绩效，还做出相应的组织管理决策以应对未来的情况。

第三章
项目集成管理

项目集成管理的目的是启动项目,协调项目活动并将所有工作纳入项目管理计划,整合分析并报告项目管理计划的执行结果,控制基线计划的变更,在项目信息系统中收集、整合和组织项目信息,以及最后将项目井然有序地收尾。

一、项目集成管理的组成部分

1. 项目章程的制定

项目章程授权项目开始,并允许项目经理访问能支持该项目的组织资源。该章程还汇集了项目范围、假设和限制的定义,如项目是否是按照项目章程开始的,项目的范围、假设和约束是否得以定期追踪等。

2. 项目管理计划的制订

项目管理计划的制订整合了来自其他知识领域的规划信息,以创建一个项目管理计划。它为项目执行提供了路线图,是确保在项目范围内解决、开发和管理所有项目管理领域的集成工具。该组成部分的结果是项目管理计划。

3. 项目实施

项目实施是指通过按照项目管理计划来进行工作。在项目执行过程中,从多个知识领域(即范围、时间、成本、质量等)的角度来检查工作进度,并从多个知识领域的角度对项目的现状和绩效进行整合并纳入进度报告。该组成部分的主要产出是关于工作结果的信息,通常在项目状态和执行报告中进行描述。

4. 项目知识管理

此过程涉及利用现有知识或创造新的既灵活又明晰的知识,以完成项目目标。知识管理包括文件、信息的归档、检索和整理过程。该类过程还具有人为因素,是行业发展和培育实践的组成部分。经验教训的获取过程也属于知识管理。

5. 项目工作的监督和控制

本部分涵盖了在说明的参数范围内保持项目正常运行所必需的过程。它涉及针对项目管理计划中所陈述的目标和所取得的进展进行跟踪、审查和报告。

6. 综合变更控制管理

集成变更控制用于管理项目基线。它还包括实现变更控制系统(包括配置管理)、识别和评估对基线的变更、协调跨知识领域的变更、管理已授权的变更,以及通知利益相关者并确定纠正措施等。该组件的主要产出包括变更请求、项目计划的更新、纠正措施和吸取的教训总结。

7. 项目或阶段收尾

收尾包括与项目有序收尾相关的过程,其中包括项目的完成或取消。该过程涉及确保合同义务得到履行、需求得到满足、交付成果被客户接受,以及合同和行政收尾程序已经执行等的所有活动。此外,组织知识和项目制成件需要被收集和保存,以用于学习目的和在其他项目中可能的重复应用。

项目收尾包括在合同履行、客户验收、服务付款和收尾活动期间涉及供应商管理的活动。其目的是确保卖方按照合同条款履行合同,并在数量和时间上获得适当的补偿。

8. 自适应/敏捷性环境:协作和仆人式领导

由团队成员决定如何整合详细的计划和组件。这是通过包括客户在内的整个团队的协作来实现的,而领导者(例如敏捷专家或项目经理)通过展示仆人式领导力,包括将详细的计划交付和授权给团队,并消除促进应对变化能力的障碍,从而确保构建一个良好的协作环境。

(1)协作。

协作被定义为共同工作而不是各自独立完成一项任务。自适应/敏捷性环境强调了与跨职能团队合作的优点,以鼓励提供产品需求的业务所有者与生产产品的技术团队之间进行强有力的沟通。

(2)仆人式领导。

仆人式领导是一种领导哲学,不是让人们为领导者服务,而是让领导者为人们服务。服务型领导者分享权力,把团队的需求放在第一位,帮助人们取得更高水平的发展和更好的表现。这与传统项目经理以自上而下的方式管理工作和团队以确保交付的角色形成对比。

9. 特别关注部分：项目管理办公室（PMO）

项目管理办公室是一个由项目管理专业人员组成、为组织的项目管理需求服务的组织实体（现实办公室或虚拟组织架构）。在项目管理办公室的职责中，我们通常会发现有项目管理支持服务、项目管理咨询和指导、项目管理方法和标准的开发和维护、项目经理和其他项目人员的培训，以及在重大项目计划中作为项目经理的人才备选库和管理者。项目管理办公室可进行以下整合活动。

（1）项目支持。

项目管理办公室通过在项目调度、报告制作和分发、项目管理软件的操作、可视室（或其某些虚拟版本）的维护以及项目工作簿的维护等方面给项目团队提供支持和协助。

（2）咨询和指导。

随着组织在项目管理方面的成熟，项目管理办公室满足了内部项目管理人员日益增长的需求。这些人为组织提供了有效执行项目所需的专业见解。

（3）流程和标准。

项目管理办公室是组织中负责开发和颁布与项目管理相关通用方法和标准的单位。

（4）培训。

项目管理办公室对项目经理、团队成员和客户进行项目管理原则、工具和技术方面的培训。培训材料和讲师均源于项目管理办公室，或由项目管理办公室与人力资源部门共同参与材料和讲师的开发和遴选。

（5）项目管理。

项目管理办公室成员可以包括一组专业的项目经理，他们被指派执行组织的项目。此外，项目管理办公室经常会聘用一些来自某领域的项目专家，如调度和控制人员、方法专家、业务分析师，等等。

（6）项目管理软件工具。

随着项目管理办公室的成熟，它成为组织中支持方案和项目组合管理工作的软件工具的关键点。

除了上述这些组成部分，下文提供了项目管理办公室就自适应/敏捷性环境中各个级别的描述。

二、第一级：初始流程

在初始流程这个级别上，人们认识到需要有一个验收的过程，但没有既定的实践或标准。可能存在一个初级的项目管理办公室，但这是比较少见的。工作多以临时方式进行。组织内的各个团队或小组可能有自己的工作方式，但其流程的文档记录松散且不足，其行为活动也很难在其他地方复制。然而，管理层意识到项目整合的重要性，有时会要求提供有关工作结果的信息。

1. 项目章程的制定

如果项目章程没有正式要求，项目就可能无法展开。如果编制了项目章程，则无须遵循规定的格式。章程的内容和布局因方案和项目经理而异。

2. 项目管理计划的制订

一些项目经理临时制订了个别版本的项目管理计划。因此每个计划的内容和详细程度不尽相同。如果项目管理计划存在，它可能包括一个范围声明和工作分解结构（WBS），其中包括一组基本的里程碑任务，有时还包括可交付成果。该计划也可能包括独立的里程碑任务和关键资源要求。

3. 项目实施

工作分配是非正式的，通常通过口头传达来分配工作。

4. 项目知识管理

知识的获取以临时方式进行，可能不会正式存档。对信念、见解、经验和"诀窍"等隐性知识信息的获取和分享没有正式的操作机制。

5. 项目工作的监督和控制

关于工作成果的信息是根据具体要求临时编制的。

6. 综合变更控制管理

变更以临时的方式传达给项目经理，在某些情况下直接传达给团队，没有项目经理的意识或参与。项目经理可能会也可能不会记录变更请求。组织没有文件化的变更控制流程，各个项目经理采用自己的方法来管理和控制变更。对变更的管理不是同等对待的，在许多情况下，变更没有受到监控。即使在有管理的情形下，对交付物的配置管理和控制也是松散的。

7. 项目或阶段收尾

无论是否经过客户的验收，最终产品或服务都是非正式交付的。不存在分散项目团队成员或收集项目数据的流程。

项目合同管理松散，合同中规定的报告要求很低。在很大程度上，供应商和承包商只被管理到收尾日期。

合同收尾可能是非正式的，付款过程通常不在项目经理的权限范围内，在项目关闭或收尾后可能会出现沟通失败的情况。审计和问题的解决是被动的，可能导致诉讼。

没有任何程序可以关闭已被取消的项目。没有中央系统跨知识领域收集、整合和组织与项目相关的信息工具、流程和程序。每个项目经理都可使用自己想要的任何系统。

8. 自适应/敏捷性环境

团队内部几乎没有合作（互动会议、非正式对话和知识共享等）。

很少或根本没有仆人式领导力的表现。

9. 特别关注部分：项目管理办公室

可能存在一个非正式的项目管理办公室，通常由一到两个人组成，他们有兴趣将项目管理标准引入组织，并被公认为成功的项目经理。这只是一个名义上的项目管理办公室。更常见的情况是，第一级形态的组织没有项目管理办公室。项目管理的各个方面如下所述。

（1）项目支持。

项目管理办公室可向项目团队提供项目进度安排方面的协助。

（2）咨询和指导。

组织内没有可用的帮助。每个项目经理都以自己希望的方式管理自己的项目。

（3）流程和标准。

每个项目经理都以自己希望的方式管理自己的项目。

（4）培训。

没有正式的培训。如果需要培训，则要求个人寻求外部资源。个人可应要求提供项目管理概念指南。

（5）项目管理。

个人可应要求提供项目管理概念指南。

（6）项目管理软件工具。

每个项目经理使用自己想要的任何调度工具和方法。组织中没有通用性工具。

（7）自适应/敏捷性环境。

存在预测性/传统项目管理办公室，需要采用灵活的举措来坚持预测性/常规流程、工具和报告。

三、第二级：结构化流程与标准

制订项目计划，以集成、分析和制定工作结果报告的基本的、文件化的流程已到位。尽管流程已到位，但它们不被视为组织标准。管理层只参与高知名度项目。

1. 项目章程的制定

项目章程用于更大、更复杂的项目。项目章程由发起者或发起实体撰写，提供了基本的章程模板，但内容因项目而异。

与项目成果相关的收益在项目章程中进行了描述，以用于衡量，并预测交付情况。价值指标是将福利作为实现目标进行评估的。

2. 项目管理计划的制订

组织有制订项目管理计划的文件化流程。该流程对于大型、重要的项目是强制性的，而对于其他项目则是可选的。

项目管理计划包含来自项目特征、范围声明和顶层工作分解结构的信息。该计划还包括一份汇总成本估算、显示主要里程碑任务、关键资源需求和已识别风险的进度表，关键利益相关者名单并列出关键个人的沟通策略。该计划概述了基本的员工管理项目，如时间报告和休假申请程序，更新项目管理计划，以反映变更控制过程后批准的范围变更。

每个福利都有一个实现计划。为项目产出的所有效益创建效益概要，对大型项目进行组织变革规划，为业务人员和组织结构的项目成果过渡做好准备。

3. 项目执行情况

编制工作成果汇总级信息：状态信息与成本和进度数据集成在一起，以描述项目状态。

由项目团队安排和实施计划外项目变更导致的工作变更，即纠正措施、预防措施、缺陷修复和产品理念及内容的更新以及由此产生的变化反映在必要的管理计划中。

4. 项目知识管理

大多数项目在项目的收尾阶段进行经验教训分析。通常该分析仅获取显式信息（可以用图片、单词或数字编码的知识），获得的知识被保存在项目文件档案中。

5. 项目工作的监督和控制

状态报告和绩效报告都是为了对里程碑任务预定实现的进度实施跟踪。如计划预算和里程碑任务完成百分比等基本指标会被收集并整合到项目绩效报告中。

6. 综合变更控制管理

组织对范围变更有一个被定义并记录在案的变更控制流程。对于大型且重要的项目，范围变更将通过变更请求表单进行标识，在变更请求日志中对项目计划进行跟踪、正式批准及更新，并在必要时纳入纠正措施。对于所有大型和复杂的项目，必须确定变更审批权限，即通常是客户、变更控制委员会（CCB）、发起人和项目经理，或者这四者的组合。成本和进度变更不受控制,因为基线任务的使用在这一级别还不是一种普遍做法,也不是一种组织标准。大型、重要的项目需要遵循变更控制流程。

7. 项目或阶段收尾

虽然出现了正式的验收和合同收尾,但没有建立或记录标准流程。纠正措施信息和其他变更通过项目集成管理过程进行管理,从而使项目管理计划得以更新。收尾信息和正式验收通过沟通管理流程进行处理。财务部门向项目经理提供最终的绩效数据。项目经理通知分配到项目的人员向他们的职能主管汇报。

对已取消项目的关闭没有标准流程。但是众所周知,项目经理负责维护所有由项目产生的文档和信息文件。

大型、重要项目的收尾受到更多的关注,无论是行政上的还是合同上的。较小的项目则不会受到审查。

基本项目系统收集、集成并组织跨知识领域且与项目相关的信息工具以及流程和程序,以用于大型且关注度高的项目。该系统可能与中央系统一样简单。对于单个项目团队来说,存在可以接受的信息系统指导,但是选择和部署的责任在于项目经理。

8. 自适应/敏捷性环境

协作仅限于技术开发等核心功能。团队协作工具和技术是有限的。

仆人式领导行为准则有文件记录,但执行起来并不一致。

9. 特别关注部分:项目管理办公室

建立了初级的项目管理办公室,并被高层管理人员认可为负责定义应管理项目的流程和标准。项目管理办公室中的个人(有时是兼职)在被要求时可提供建议或意见。

(1)项目支持。

项目管理办公室协助项目团队创建和维护项目工作手册。根据要求,向项目团队提供有关开发范围、项目计划以及发布和变更控制等协助内容。

(2)咨询和指导。

在重大项目中,项目管理办公室被要求为项目经理提供有关项目启动和计划过程的个人咨询和指导。

(3)流程和标准。

项目管理办公室已经建立了基本的项目管理流程。该级别的流程不被视为组织标准,只有大型或重要的项目才能使用该流程。

(4)培训。

给项目经理提供项目管理基本概念培训。

(5) 项目管理。

维护组织中所有项目经理的数据库，以及有关他们的经验和技能的信息。

(6) 项目管理软件工具。

以公认的项目管理计划工具作为指导。但是，工具选择和部署的责任在于项目经理。

(7) 自适应/敏捷性环境。

项目管理办公室已经转变为支持混合环境并认识到敏捷计划的要求，但要求敏捷团队以预测性或传统报告方法进行跟踪和报告。敏捷管理系统未与项目管理办公室管理系统深度融合。

四、第三级：组织标准和制度化流程

项目整合工作通过程序和标准制度化。项目管理办公室开始整合项目数据。已经制定并记录了其他流程，并且在组织内部进行了协调，以建立一个共同的信息系统。项目管理过程被认为是项目的标准实践。

管理层支持项目管理并积极参与，尤其是在大型、重要的项目中。

1. 项目章程的制定

所有项目都需要项目章程，并提供一个标准模板。编录、审查和批准项目章程的流程已经到位，所需的详细程度和严格程度因项目分类而异。

与项目效益相关的值是使用标准流程得出的。效益实现管理计划在项目章程中被视为完成且在项目准备启动之前获得批准。

2. 项目管理计划的制订

项目管理计划制订过程在组织内得到充分记录和实施，并适用于所有项目。组织制订项目管理计划的过程包括成本、进度、风险、质量、采购、通信和人力资源（员工管理和员工发展）方面的管理计划（程序、流程等）。除了每个知识领域的管理计划外，项目计划通常还包括适当详细程度的具体范围、时间、成本和风险信息。

例如，项目管理计划包括项目章程、范围声明和工作分解结构（可能降至第三级）。该计划还包括关注度和控制所需的成本估算和进度信息。至少绝大部分项目管理计划的范围、进度和成本计划都应该是有基线的。该计划确定了员工管理计划中的关键资源需求。它还酌情确定风险和计划的缓解策略，并包括关键利益相关者的列表以及与这些关键个人沟通的策略。

更新项目管理计划，以反映根据变更控制流程下批准的项目变更。规划计划是为共同的、相关的项目制定的。

每个项目都需要一份效益实现管理计划。在项目执行阶段收尾后，项目产出的移交需要过渡计划。

3. 项目实施

对工作成果进行总结，对详细信息进行整合和分析，并编制报告，可能存在报表模板。状态和绩效报告包含风险、质量、人力资源和采购管理等知识领域的信息（以及范围、时间和成本）。工作成果、状态和绩效报告使用标准化模板上报。

集成的变更控制流程控制对已定义项目工作的变更。根据效益实现管理计划跟踪项目效益。采取措施确保效益与执行前效益绩效指标一致。

4. 项目知识管理

在项目之前、期间和之后，都会收集、整合和部署相关显性和隐性信息。利益相关者之间建立了信任关系，从而激励个人分享他们的隐性知识。设立共享库以提供对集体项目知识的访问。

5. 项目工作的监督和控制

生成状态和绩效报告，以解决项目绩效、项目活动花费的时间以及付出的工时或金钱等问题。该报告涵盖差异和绩效衡量分析等内容。实际统计数据由项目团队估算，而不是从公司财务和会计系统中提取。从知识领域收集指标，并将其整合到项目绩效报告中。

预测是根据当前成本和进度基线的变化进行的。采购协议用于定义由项目经理控制的卖方外包工作。

效益评估值的变化将反馈给投资组合和项目管理，用于优化分析和决策制定。

6. 综合变更控制管理

存在一个定义和记录的项目变更控制系统，该系统包含范围、成本和进度的变更控制流程。流程文件包括变更控制请求、表格分析和变更日志。变更控制过程包括变更控制请求、变更分析表和变更控制日志。所有项目都需要变更机构（客户、赞助商、变更控制委员会或项目经理）的批准，这样项目团队才能调用变更。

项目团队实施并利用项目综合变更控制系统和流程（识别、评估、协调和管理变更、通知利益相关者及采取纠正措施）。

该过程有文件记录并可重复。项目计划更新始终与纠正措施和批准的变更相结合。根据需要建立、遵守和管理新的任务基线。

由于范围、成本和进度变化而导致的项目效益变化会在综合变更控制中得到体现和记录。

7. 项目或阶段收尾

客户整体参与产品测试，并在合同完成时签字。在客户签署采购项目的验收文件，并收到供应商提供的所有适当文件后，项目经理签署合同并采取收尾措施。

合同收尾有标准化的流程。

该组织开始实施一项旨在发展与主要供应商维持伙伴关系的计划。

项目报告和可交付成果验收流程得到了一致的定义和应用。任何变更或问题都会立即通过项目经理传达给适当的项目利益相关者。

客户参与产品测试并签署可交付成果。在客户签署了交付项目的验收文件，并收到了所有适当的文件后，项目发起人签署了项目验收文件，并采取措施结束合同。

所有项目的收尾都有标准流程，规定了谁将接收项目收尾的通知、所提供的财务数据的类型和格式以及向谁提供。项目数据被保存在存储库中。

项目团队成员接受项目绩效评估，并有机会进行360度评估审查。

有一个被管理层取消项目的关闭过程。有一个中央系统，它收集、整合和组织跨知识领域的与项目相关的信息工具、流程和程序。这些系统在各个项目中变得标准化，可能包括一个中央文件系统和项目工作簿。项目管理办公室为项目管理系统的选择和实施提供指导，并进行协调。

必要时，根据商定的过渡计划，将完成项目的产出内容（产品、服务、系统或结果）移交给赞助实体。项目产出的收益进入收益实现管理计划的持续阶段。

8. 自适应/敏捷性环境

在开发、测试和运营以及业务领域等职能部门之间的合作非常显著。团队协作工具和技术是标准。仆人式领导规范是一项组织标准，并附带培训、指导或辅导。

9. 特别关注部分：项目管理办公室

项目管理办公室的职能和服务在整个组织内得到定义和沟通。大多数项目经理认为项目管理办公室是项目管理方法的参考站和监督者。组织管理层将其视为组织项目管理的焦点。一个全面的标准化项目管理方法已经到位，项目团队资源正在积极接受使用培训。项目管理办公室是组织项目管理领域中公认的一部分，与组织中的项目经理一起参与其中。

（1）项目支持。

项目管理办公室密切监控问题和变更控制系统，并就大型、重要项目的变更（范围）决策进行咨询。项目管理办公室监控大型、重要项目的风险分析，并参与这些项目的风险评估和控制过程，为项目资源和成本估算提供协助。项目管理办公室协助项目团队编制项目绩效报告，并监督项目的时间报告。它还协助项目团队编制时间表和报告。所有辅助角色（调度人员等）向其部门组织报告。

（2）咨询和指导。

在规划过程中，项目管理办公室与项目团队就重大项目密切合作。小型项目也可应要求提供这种协助。

（3）流程和标准。

项目管理方法通过可交付成果的模板和样本得以不断完善和加强。项目管理办公室积极与项目经理合作，以确定组织的最佳实践，这些都记录在项目管理方法中。项目管理办公室提供质量标准和流程。项目管理指南可作为项目经理在项目管理整个生命周期中的参考。它集成了更基本的流程并形成模板和示例。项目管理办公室在整个项目生命周期内参与定期的质量检查。

（4）培训。

项目管理基本知识培训被认为是项目经理的必修课，并向一些项目团队成员提供。

（5）项目管理。

在向重点项目指派项目经理时，需咨询项目管理办公室，并与主要项目的项目经理密切合作。项目管理办公室有一个初始的通用人力资源列表（劳动力类别）供项目团队使用。资源调配在项目层面执行。对于在组织层面平衡和关键资源调度使用上的顾虑，目前还没有相应的解决工具。如果有需要，任务可以通过手动方式执行。

（6）项目管理软件工具。

项目管理办公室为项目管理软件工具的选择和实施提供指导和协调。组织内部的项目经理也参与工具选择。

（7）自适应/敏捷性环境。

项目管理办公室与敏捷工具、系统和报告完全集成，从而简化了报告，减少了敏捷团队和项目管理办公室的返工。项目管理办公室拥有基本的数据分析和报告能力，能为敏捷团队提供基本的咨询服务，但同时缺乏充分有效的敏捷专业知识。项目管理办公室已经开始整合敏捷方案和项目组合级别。

五、第四级：管理流程

所有流程均已到位且记录在案，并为所有项目所采用。流程和标准与其他公司流程和系统进行整合，包括将方案和项目计划纳入组织战略计划。此外，报告流程和项目信息系统与项目管理办公室、财务和会计、战略规划系统和风险管理过程相结合。必须遵守组织项目管理流程和程序并基于绩效指标来进行决策。

1. 项目章程的制定

所有项目章程流程均已到位、记录在案并得到采用。项目章程被纳入组织的战略计划和目标中并对其提供支持。

2. 项目管理计划的制订

所有流程都已到位、记录在案并得到采用。项目管理计划和规划管理计划相结合,以支持组织战略计划。来自项目管理计划的数据被输入财务和其他组织系统,以补充业务执行。

3. 项目实施

所有流程都已到位、记录在案并得到采用。状态和绩效报告流程与项目管理办公室、财务和会计、战略规划和风险管理系统相结合。

4. 项目知识管理

项目获取的知识在组织层面上很容易用于运营或未来项目上。项目团队利用这些知识提高项目的产出。

5. 项目工作的监督与控制

执行并报告正式的差异和绩效衡量分析。此时,实际数值是从公司财务和会计系统中提取的。

从所有知识领域收集指标,并将其整合到项目绩效报告中。成本和进度基准的变化预测也将反馈给公司财务会计系统。

6. 综合变更控制管理

所有变更控制流程均已到位、记录在案并得到采用。项目变更控制流程(包括配置管理)与组织的控制系统、监控程序和风险管理过程相结合。对所有项目的功能配置、物理配置和数据配置进行一致的记录、维护、管理和控制。

7. 项目或阶段收尾

项目使用标准的项目管理工具和技术,根据计划报告进度。包括供应商在内的所有项目资源都已完全整合到项目收尾活动中。存在一个用于存储适当的项目信息和展示及访问历史项目信息的流程和存储库,以便在评估、风险管理和未来项目规划中可以重复利用。

本组织提供资源和时间,以便在项目收尾时举办经验教训简报会,使项目团队的努力得到认可。

主要项目系统收集、整合与组织跨知识领域的项目相关信息工具、流程和程序。这些系统在各个项目中都是标准化的,并与项目管理办公室和其他适用的公司系统集成。在项目经理之间传输数据只需要很少的工作环节。

所有提前终止的项目都遵循存储所有相关工件和数据的标准流程。从终止项目中吸取的经验教训将被收集和审查。

8. 自适应/敏捷性环境

多个功能和敏捷团队之间的协作是显而易见的（例如利用 SOS 规模化敏捷技术、多产品负责人签到、跨团队计划发布等方式）。

仆人式领导规范被纳入个人绩效衡量标准。

9. 特别关注部分：项目管理办公室

项目管理最佳实践由职能部门收集并由项目管理办公室保存和维护。现实的管理层报告已经到位。主要项目的"无自我"（Ego – free）审查定期与标准方法和流程进行比较。实际的资源预测也由项目管理办公室生成。项目几乎不会出现出人意料的情况。

（1）项目支持。

项目管理办公室负责组织技能信息数据库、关键资源分配的协调、组织资源平衡和资源预测（涉及额外和替代资源的征用）。项目管理办公室向组织管理层提供项目级差异分析，并设计和编制所有批准项目的执行看板管理报告（Dashboard Management Reporting）。项目管理办公室为所有主要项目保留了可见空间，并为较小的项目分配了共享空间。另外，办公室还确定了管理报告的项目报告合并过程，并负责定期执行。

（2）咨询和指导。

项目审计程序已到位。陷入困境的项目将立即进入项目管理办公室管理的项目恢复过程。所有项目经理都有正式的指导流程。

（3）流程和标准。

项目管理方法作为标准运行。所有项目都使用这些标准作为其正常操作流程。中央项目文件存储库已到位，并由项目管理办公室积极监控。项目参与者可使用此存储库。项目管理办公室对选定项目进行基准标记，以确定评估准确性并改进评估技术。

（4）培训。

所有项目经理都必须接受高级项目管理培训。项目管理办公室为每个项目经理制订了与职业规划相关的培训计划，为项目经理提供项目管理基本培训。在项目经理被指派管理项目之前，项目管理要素培训是强制性的，所有团队成员均需参加。

（5）项目管理。

项目经理的绩效审查由其部门和项目管理办公室共同进行。有一个准确的资源库，项目管理办公室负责维护用于组织资源预测的信息。

项目经理向其部门报告，然而，他们也对项目管理办公室负有虚线

(Dotted-line)责任。项目经理定期向其部门和项目管理办公室提交状态报告。向项目管理办公室报告的一小部分高级项目经理负责管理组织中更复杂、关注度更高的项目。

项目管理办公室为项目经理绩效审查提供投入，负责更新资源信息（尤其是关键资源），并手动将资源调配与组织级别的资源可用性联系起来。项目管理办公室负责将项目绩效报告整合到一份综合报告中，并将其发送到管理监督流程中。

（6）项目管理软件工具。

输入所有项目的估算数据。项目管理办公室跟踪并记录评估成本和实际成本。它还推动项目管理软件工具的选择，征求其部门组织的意见。项目管理办公室负责部署项目管理软件工具，包括包含资源库信息的工具。

（7）自适应/敏捷性环境。

项目管理办公室已经转变为支持信息技术或业务产品等功能的敏捷项目管理办公室。该办公室可向敏捷团队提供咨询服务，并为办公室的敏捷培训和开发进行投资，为职能部门提供敏捷项目组合和项目级别的咨询服务，也拥有在数据分析和商业智能工具及技术方面为组织提供支持的专业知识。

六、第五级：优化的流程

项目整合改进程序已到位并得到应用。定期审查所吸取的经验教训，并将其用于改进记录在案的流程。

1. 项目章程的制定

制定了持续改进项目章程的流程，吸取并采纳经验教训。项目章程用于支持战略组织决策和项目决策。明确理解项目章程的价值，并将其纳入规划流程。

2. 项目管理计划的制订

制定了持续改进项目管理计划的流程，吸取经验教训并用于规划改进工作。方案和项目计划用于支持战略组织决策和项目决策，记录利用方案和项目计划进行决策的过程。

该组织已经发展到可以清楚地理解项目规划，并计划其资源消耗的程度。

3. 项目实施

制定了持续改进项目管理计划执行的流程，吸取经验教训并用于改进执行工作。总体项目绩效数据用于支持有关项目和组织战略的决策。

4. 项目知识管理

由主题专家组成的作为利益相关方资源的实践社区已经建立。该组织提供人际交往技能培训和团队领导力培训，以实现信念、见解、经验和"诀窍"的共享。

5. 项目工作监督和控制

分析项目状态和绩效报告，以确定项目执行期间的效率和有效性。记录开发、利用项目度量支持管理决策的过程。

6. 综合变更控制管理

项目变更包含在项目效率和有效性的确定中。

此外，对潜在变更的评估和分析包括对效率和有效性的考虑。在项目执行期间，利用这些度量标准进行管理决策的过程被实施、记录并就位。

另一个过程是持续改进包括配置管理在内的项目综合变更控制过程。

所吸取的经验教训被存储在存储库中，并用于改进监测和控制工作。检查项目的历史变更，以确定变更控制行动的趋势，并改进最初的项目规划过程。

7. 项目或阶段收尾

定期评估项目收尾过程，并不断进行改进。在其产品或服务中坚持高标准的项目绩效和质量。

保留从大型和重要项目管理中获得的经验教训信息，并对其有效性和效率（例如，处理项目信息和文件、综合变更控制和供应商管理）进行评估。数据库收集包括供应商和承包商的项目绩效信息。所有被取消的项目都需经过审查，以确定产生教训的根本原因。

制定持续改进项目信息系统的流程，吸取经验教训并用于改进项目系统。项目信息系统支持项目效率和有效性度量的收集和组织。此外，用于收集、整合和组织项目信息的系统变得更加高效和更有效果。

8. 自适应/敏捷性环境

该组织从根本上改变并实施了企业知识管理政策和程序。通过利用绩效指标并吸取经验教训，不断完善仆人式领导的规范。

9. 特别关注部分：项目管理办公室

项目管理办公室管理项目组合，提供项目管理工具和培训，并监督项目范围。项目经理对项目管理办公室负责。项目管理办公室负责组织范围内的资源均衡和关键资源的分配。项目管理办公室有用于从已完成的项目中吸取经验教训的适当流程，可相应对项目管理方法进行修订。根据最佳实践来衡量项目，从中吸取教训并加以应用。项目管理在整个组织中被完全接受，成为标准实践。

（1）项目支持。

项目管理办公室提供项目管理帮助台（Help Desk）功能。项目管理办公室参与了每一个主要项目和许多小项目的取消。作为管理报告的一部分，项目管理办公室提供全成本跟踪，包括按项目计算挣值所需的数据，从中吸取教训并加以应用。此外，对项目管理办公室支持的客户满意度进行调查，并确定改进领域和采取行动。

（2）咨询和指导。

项目管理办公室人员指导项目经理管理组织内的小型项目。项目管理办公室与项目经理和业务客户就主要项目计划的业务进行分析和提案准备。

（3）流程和标准。

随着更优的实践被发现，项目管理方法得到改进的过程已经到位。所有项目管理方法、流程、模板和示例都可以在项目管理办公室维护的内部网站上获得。

（4）培训。

项目管理基本知识培训是项目经理的必修课，建议所有将参与项目的客户人员参加。在每个重大项目收尾时都要进行评估，以确定薄弱的技能领域。这些信息用于制订个人的培训计划，修改现有的培训课程，并创建新的课程。

完整的培训计划，通常会获得项目管理专业人员（PMP®）认证，尽管在某些情况下，组织已经建立了内部认证。

（5）项目管理。

项目经理与其所在部门密切合作，以预测即将出现的新计划和项目。制订一个积极的计划，收集来自组织各个部门的反馈，以改进项目管理。

组织中的许多项目经理向项目管理办公室报告，对其所在部门负有虚线责任。项目管理办公室根据项目经理所在部门的输入对项目经理进行绩效评估。尽管项目经理可能还需向项目管理办公室报告，但他们已经很好地融入客户组织中，并且被视为客户管理团队的一部分。资源调配是在组织级别上以自动的方式完成的。

（6）项目管理软件工具。

在每个项目中，收尾过程的一部分是对项目管理软件工具及其接口的审查，以确定改进情况。这些经验教训将通过标准流程定期集成到软件工具和接口中。

项目管理软件工具提供挣值报告，项目管理办公室将其作为执行仪表板报告的一部分。资源存储库与组织的人力资源系统集成在一起。项目管理软件工具与公司会计系统集成，以帮助编制预算和成本报告，并与组织采购系统集成，以获得商品和服务的实际成本。

（7）自适应/敏捷性环境。

项目管理办公室已经转变为企业敏捷项目管理办公室。持续衡量项目管理办公室的表现和价值，并制订和实施改进计划。项目管理办公室负责管理企业投资组合。

第四章
项目范围管理

范围管理由一系列确保项目包含且仅包含成功完成该项目所需所有工作的流程组成。

在自适应/敏捷性环境中,通常在项目开始时范围没有得到充分开发,而是在项目过程中不断发展变化。这种方法需要不断对范围进行审查和完善,而不是在相关倡议的早期就试图定义和商定好范围。为了确保捕捉到不断变化的要求并确定和管理潜在的差距,要在产品待办列表(Product Backlog)和迭代/冲刺计划会议(Iteration/Sprint Planning)中获取和细化相关要求,构建和审查相关原型,并对相关发布进行版本控制。

一、项目范围管理的组成部分

1. 范围管理规划

价值和改进是规划范围定义和范围管理时要考虑的关键因素。项目范围管理规划包括衡量范围变更价值的说明、对每个项目严谨成本(Cost of Rigor)的考虑,以及记录和传播所学经验教训的流程。

2. 要求收集

该要素包括对收集项目商业和技术要求所涉及的相关流程、程序和标准的评估和开发。

3. 范围定义

范围定义涵盖了制定项目详细说明的流程。组织如何将相关要求转化为关于最终状态或产品的清晰、可操作的愿景?

4. 工作分解结构

该流程涵盖了工作方案的制定,涉及企业应用工作分解结构的质量、数量和整体复杂性。企业是否开发了工作分解结构字典?工作分解结构是否构成了自动化方案的基础?工作分解结构是否与会计系统相结合以用于报告目的？

5. 范围确认

范围确认是使可交付成果的验收正式化的流程。有一个验收可交付成果的流程可以使项目成功满足利益相关者期望的可能性增大。

6. 范围变更控制

该要素包含与项目范围相关的变更管理流程。它涵盖了变更的使用规律性和对拟议变更的总体评估。是否真正对相关变更进行了评估并确定了优先级，还是仅仅列出了相关变更？变更管理流程是否与问题跟踪系统相关联？有没有进行定期跟进和报告？变更管理流程是否与组织管理流程紧密相关？

7. 自适应/敏捷性环境："史诗""特性""发布计划""冲刺"

相关要求被表示为"史诗"（Epic）和"特性"（Feature），它们处于不同的细分级别。

"史诗"包括一些能实现战略性商业目标的重大倡议，它们可以为组织创造大部分价值。它们与组织的战略愿景和战略目标一致，投资规模足够大，在执行前需要提交商业案例（如"史诗简报"，Epic Brief）和预算背书。"史诗"通常用时 3~9 个月，由产品经理负责。

"特性"是一种新的或更新的能力，可为最终用户解决相关问题，而且可以由最终用户进行测试。"特性"源自"史诗"，由商业分析师或产品负责人管理，通常用时 2~10 周。

"发布计划"（Release Planning）表示团队打算在特定截止日期前交付范围内的多少内容。发布截止日期通常是固定的，因此最初发布计划的目标是大致估算能在发布截止日期前交付哪些"特性"。要不断对相关发布进行审查，以确保相关价值得到交付。

"迭代（或冲刺）计划会议"供团队计划并商定他们有信心在"冲刺"期间完成的"用户故事"（Story）或待办事项，并确定要交付和验收的详细任务和测试。

二、第一级：初始流程

范围定义仅仅是一般性的商业要求说明。所有要素（问题、变更等）的存档和管理是临时性的，十分松散。尽管意识到对项目工作进行管理的必要性，但组织中没有项目管理的相关标准。管理层一般知道相关倡议的范围，但了解程度通常仅限于几个关键里程碑。

1. 范围管理规划

没有范围管理方案。范围是通过管理层的其他文件和声明推断出来的。

项目章程或目的声明可能是唯一可用的启动文件。

2. 要求收集

商业要求的收集是临时性的，未作记录，而且可能仅限于目的声明。相关技术要求可能会得到较为正式的记录，这些要求可能会针对可交付成果完成后能得到什么产品进行一些笼统的定义。

3. 范围定义

编制了一份关于项目范围说明的文件，里面定义和包含了工作分解结构的第一层内容。

4. 工作分解结构

在范围定义过程中会产生一份工作分解结构文件。工作分解结构中包括要完成的工作任务，还可能列出相关的可交付成果。该工作分解结构可能不是项目的真正分解，而更可能是一个列表。项目可能有一个进度表，但该进度表在要执行的工作中没有实际依据，也没有关于如何制定工作方案或进度表的具体指导方针。

5. 范围确认

范围验证在整个项目执行过程中是临时进行的。这意味着，可能不是主动应对范围的变化，而是被动应对要求、进度或成本所发生的不可预见的变化。

6. 范围变更控制

有一个用于监控项目状态的流程。在项目生命周期内会对范围基线进行管理，但相关变更会临时传达给项目经理，而项目经理可能不会系统地记录这些变更。没有文件化的范围变更控制流程。

相关交付或项目产品完成后没有相关的利益追踪。

7. 自适应/敏捷性环境

相关"史诗"和"特性"不兼容且缺少细节。
"发布计划"是临时性的，导致发布频率不高且不可靠。
"迭代计划会议"是临时性的，导致无法兑现承诺。

三、第二级：结构化流程与标准

有一个基本的范围管理流程。相关的范围管理方法经常被用于较大、较显著的项目中。有一个流程可以让管理层融入项目范围管理流程，但并非所有管理层都参与该流程。组织的很多项目都利用标准的项目管理流程来确定和管理项目范围。管理层支持相关的项目管理流程，尤其是范围管理流程。

1. 范围管理规划

范围管理方案的制定是项目管理流程的一部分。该方案为定义和管理项目范围建立了一些规则。大多数大型和显著的项目都制定并使用相关的范围管理方案。变更团队通过建立目标里程碑来绘制项目进度图。

2. 要求收集

有一套收集和记录商业要求的标准方法，可以使收集到的要求质量统一。

雇佣商业分析师来收集和记录相关商业要求。所有大型或显著项目都需要相关的商业要求文件。

相关要求要明确（可衡量且可测试）、可溯源、完整、一致，并为关键利益相关者所接受。相关要求与预测效益挂钩。

有一个文件化的流程，可供项目经理申请和接收管理层（经理个人或管理团队）批准相关商业要求的签字。还有一个可以为项目建立一系列基本交付技术成果的基础流程。管理层负责签署对计划交付成果的技术期望；相关人员就这些可交付成果生产出来后将如何运作达成了一致。

3. 范围定义

有一个范围说明的标准模板。完成该模板的过程有文件记录。所有大型或高价值项目都需要范围说明。范围说明中至少要有一层工作分解结构。相关要求的文件记录被用作范围定义流程的输入内容。项目经理可以通过一个文件化的流程来寻求/接收管理层（经理个人或管理团队）批准相关要求的签字。

可以通过相关的变更控制流程对范围进行管理。

4. 工作分解结构

有一个标准的工作分解结构模板。完成该模板的过程有文件记录。

项目范围说明被用作工作分解结构创建过程的输入内容。工作分解结构中包括一个内置的编码（任务编号）结构，以便管理报告可以"按序排列"。所有大型或高价值项目都需要一个工作分解结构。管理层负责审查和批准为新项目制定的工作分解结构。

相关工作分解结构被用于制定相关的项目进度表，还被用作与赞助商的沟通工具和沟通项目状态的主要工具。

如果需要，技术要求文件的制定是项目管理流程的一部分。

5. 范围确认

有一个确认项目可交付成果的流程。所有大型或高价值项目都需要确认范围。管理层负责审查项目可交付成果。项目经理（或团队）负责与客户核准项目范围（项目中要包含或排除的内容）。

核准可交付成果的相关质量控制流程要在范围确认流程之前完成或与之并行。

6. 范围变更控制

有监测项目状态和管理范围基线的标准模板。所有大型或高价值项目都需要监测项目状态和管理范围基线。

有一个精炼的、文件化的范围变更控制流程，但并非所有项目都遵循该流程。管理层支持该范围变更控制流程，并监控较大型、较显著项目对该流程的遵守情况。大型项目必须高度遵守该范围变更控制流程。

大型项目要记录完成项目所获得的效益。

7. 自适应/敏捷性环境

有关于"史诗"和"特性"的标准，但这些标准的使用不一致，而且缺乏足够的细节将相关"史诗"和"特性"分解为"用户故事"。

"发布计划"基于"特性"。相关发布更可靠，但频率仍然不高，可部分实现自动发布。

"迭代计划会议"：迭代式增量软件开发过程负责人（Scrum Master）、产品负责人和敏捷团队负责人决定相关迭代，但没有根据团队的速度对相关估算进行完善。

四、第三级：组织标准和制度化流程

维持一个完整、严格的项目管理流程，这是一个有文件记录的标准化流程，被用于组织的大多数项目。所有的项目管理流程都将客户作为项目团队中积极且不可或缺的成员。项目团队负责制定项目的要求、范围和其他要素。团队作为一个整体，寻求管理层对关键决策及文件的投入和批准。管理层积极地成为项目关键决策和关键问题不可或缺的组成部分。利益相关者也被纳入范围管理。该流程需要与项目范围相关的关键决策，管理层也积极参与到这些决策中。

1. 范围管理规划

范围管理方案有模板，该模板统一用于所有项目。要求管理方案是范围管理规划流程的一项成果。要求管理方案详细定义了如何定义和控制项目范围。变更团队控制着项目的目标，这些目标必须是有意义且可衡量的。

2. 要求收集

有一个有文件记录的强制性流程专门描述了整理相关要求必须执行的步骤。相关的工具和方法（快速开发方法）被用来建立要求清单。特定的利益相关者被纳入该流程。

对于建立商业要求这一流程，商业分析师有充足的培训经历或经验。相关要求是根据利益相关者所接受的定义制定的。

所收集要求的质量得到严格落实。该流程要产生一份要求溯源文件。效益实现管理方案与要求溯源相结合。

3. 范围定义

有一个标准化、文件化、强制性的流程具体规定了执行项目范围定义流程的步骤。范围说明为相互融合的变更控制流程提供了基线。相关的变更控制流程形成文件记录，相关人员签字后范围变更必须遵守这些流程。

4. 工作分解结构

有一个标准化、文件化、强制性的流程专门规定了工作分解结构的创建步骤。该流程的成果包括但不限于工作分解结构、工作分解结构字典、范围基线和要求溯源文件。管理层参与每个项目工作分解结构的制定和审批。

5. 范围确认

通过一个标准化、文件化、强制性的流程来控制每个项目范围的确认。该流程的输入内容包括要求文件、要求溯源文件、工作绩效数据和其他所需内容。管理层密切参与项目可交付成果的验收。该流程的输出内容包括被接受的可交付成果和变更申请。

证明能实现某些效益是确认交付范围的先决条件。

6. 范围变更控制

有一个标准化、文件化、强制性的流程来监控项目状态和管理范围基线。

要求溯源和工作绩效数据是控制范围变更流程的输入内容。范围基线得到建立、管理和实现。

效益实现进度表得到制定、遵守和管理。

7. 自适应/敏捷性环境

"史诗"源自产品路线图，产品负责人对"史诗"和"特性"负责。在混合环境中，商业要求被转化为相关的"史诗"和"特性"。

"发布计划"源于产品路线图，相关发布由产品待办列表定义。相关发布是完全自动化的。

"迭代计划会议"源于产品待办列表和与之相关的发布。

五、第四级：管理流程

相关项目管理流程成为规范，适用于所有项目。项目是根据其他项目进行管理和评估的。一种"组织视图"适用于所有项目。组织管理层应：

（1）了解自己在项目管理流程中的角色。

(2) 定期参与项目管理流程。

(3) 在"正确的层面"进行管理（适时授权，必要时在下级层面进行管理）。

(4) 让相关项目经理和项目团队在合适的层面各司其职，共同负责整个项目管理流程。对于大型、复杂的项目，应执行项目管理流程的所有步骤，创造项目管理的所有可交付成果，等等。对于一些小型、简单的项目，相关的步骤和成果可以适当减少。

根据改进的流程管理项目，而不是根据基本流程管理项目。

1. 范围管理规划

所有项目都被强制进行范围规划和范围管理，这两个过程都是根据项目规模和类型以及组织环境量身定制的。专家判断和项目档案被用于制定范围管理方案。

2. 要求收集

要求收集会仔细考虑现有的功能、系统及其他活跃项目。能反映相关要求对现有功能或其他活跃项目影响的要求溯源文件或附录是该过程的必要产出。

项目团队对相关商业要求进行了全面记录。商业要求仔细考虑了现有的相关功能、系统和其他活跃项目。如果在部署项目的过程中，相关变更会对商业要求产生影响，则要在变更控制分析中评估相关变更对现有功能和其他活跃项目的影响。

相关的技术要求和规范被项目团队充分记录，其中有一部分是基于组织标准制定的。只有在分析了计划的系统对当前技术环境、其他现有系统（对接口和性能的影响）和其他活跃项目的影响后，才能创建这些规范。

3. 范围定义

范围定义仔细考虑了现有的其他功能、系统和项目。变更控制分析应包括某项目对现有功能和其他活跃项目的影响。

4. 工作分解结构

工作分解结构被包含在变更控制流程中。工作分解结构的创建与可交付成果的文件记录紧密关联。该流程确定了项目经理在未经批准的情况下可以对工作分解结构进行的可接受的变更程度。能影响范围、时间、成本或其他重大决策的工作分解结构变更必须得到组织适当级别的批准。

5. 范围确认

项目交付成果的完成和验收被定期传播给活跃和关联的项目与活动。具备相关的方法，根据可能影响项目范围的反馈采取适当的行动。

6. 范围变更控制

所有涉及范围变更的流程都已具备，而且得到了记录和使用。这些流程与组织的控制系统、监控程序和风险管理流程相融合。范围报告、成本报告和进度报告与技术状态报告相融合。

7. 自适应/敏捷性环境

从"史诗"到"特性"，到"用户故事"，再到交付产品，溯源都有统一的标准。

"发布计划"是根据敏捷团队在相关迭代中的表现进行完善的。"发布计划"的跨团队性十分明显。

相关迭代是根据敏捷团队在相关"冲刺"中的表现进行完善的。

六、第五级：优化的流程

组织将重点放在有效管理所有项目和改进未来项目管理方式（即流程改进）上。项目管理遵循"高度考虑价值"的原则。

效能和效率指标被定期计算和跟踪，推动了相关管理层关于项目范围的决策。

组织对项目的价值有着清晰的理解。所有出现的变化和问题都会根据效能和效率指标进行评估。范围由相关的管理层根据项目团队明确的定量指标来确定。

1. 范围管理规划

价值和改进是规划范围定义和范围管理时考虑的关键因素。范围管理方案包括衡量范围变更价值的说明，还详细说明了维护项目质量的相关成本。从规划过程中吸取的经验教训得到记录和传播。

2. 要求收集

针对商业要求的变更有全面的变更控制。只有在充分理解并做好记录的情况下，才会启动相关变更；变更需要适当级别管理层的批准。针对商业要求的改进、修改和补充而做出的变更决策应包含价值判断（对成本、时间等的影响）。有相关的价值指标可供做出变更决策。

与要求收集相关的经验教训得到记录和传播。

3. 范围定义

范围定义的相关流程被不断检查和完善，以加以改进。关于范围定义流程的经验教训得到记录和传播。

4. 工作分解结构

确定工作分解结构和工作方案的流程被定期检查（通常在项目结束时），

以便总结有关流程改进的经验教训。工作分解结构和工作方案会受到定期、仔细的监控。期待变更的发生并对其进行仔细记录。

5. 范围确认

生产后的价值数据会被评估，以了解相关要求的品质表现。会根据行业标准对检查可交付成果的相关方法进行衡量，以确保最佳实践。有关验证流程的经验教训得到记录和传播。

6. 范围变更控制

组织制定了一个持续改进范围控制过程的流程。吸取了相关经验教训，并将其用于改进相关的监测和控制工作。收集和分析了相关指标，以确定范围界定流程的准确性。考虑将范围的变化作为项目效能和效率的影响因素。开发了一套在项目执行过程中利用范围变化和成本评估来进行管理决策的流程。

7. 自适应/敏捷性环境

组织通过回顾和绩效衡量不断对相关的"史诗""特性""发布计划"和"迭代计划会议"进行完善。

第五章
项目进度管理

进度管理的总体目的是制定项目进度，对该进度进行管理，并确保项目在批准的时间框架内完成。进度管理包括定义项目活动、制定进度、执行进度以及在项目执行过程中对计划进行控制。

在自适应/敏捷性环境中，我们采用短周期（迭代）来承担工作、检查结果并根据需要进行调整。这些周期对可交付成果的方法和适用性提供了快速反馈，通常表现为一个按需的、基于拉动的调度。在计划管理中，重点是产品待办事项的细化，迭代待办事项的规划和团队的一致交付能力，确保团队的工作不会出现空档期。虽然可以使用不同的技术，但在确定团队是否可以在预期的情况下交付价值时，合理的评估与一个适当的预测环境同等重要。

一、项目进度管理的组成部分

1. 进度管理规划

进度管理规划包括与制定进度开发和控制的政策及程序相关的过程。

2. 活动定义

活动定义包括识别和记录为生产工作分解结构中确定的产品或服务而必须完成的项目活动。

该组成要素的结果是所有活动的列表以及所有支持细节，包括活动定义、约束和假设。

3. 活动排序

活动排序包括对项目活动进行排序，并描述每个产品或服务相对于其他活动必须完成的时间。活动排序还包括对活动之间依赖关系的开发。该组件的结果是一个项目网络图。

4. 活动持续时间估计

这个组成部分包括与估计所需时间（时长或其他工作周期）有关的过程，

以便利用确定和估计的资源完成以前确定的活动。

5. 进度开发

进度的制定包括确定工期和计算每个项目活动的开始和结束日期。利用项目网络图，确定了活动期限，确认了资源需求，创建了项目时间表，并建立了基线进度。该组件包括进度管理规划的开发。进度开发的主要产品包括项目进度和进度管理规划。

6. 进度控制

进度控制包括管理进度基线，以确保项目在批准的时间范围内完成。管理进度基线包括实施进度控制系统，发布进度状态报告，分析进度绩效指标，确定进度基线的变更，管理已授权的变更，通知利益相关者并采取纠正措施。该组件的主要产品包括进度报告、进度性能分析和修订的进度基线。

7. 进度集成

该部分涉及项目进度的主要组成部分的集成。在整个组织中集成进度表，以确保准确理解变更的影响。进度规划表反映了计划中项目的集成，可以清楚地描绘项目变更对项目进度的影响。该组件的主要产品是集成的项目、计划和组织日程表。

8. 自适应/敏捷性环境：工作和评估

工作——包括待办事项细化、迭代计划和团队在预期内交付价值的能力。待办事项细化（待办事项梳理）是指产品负责人和团队对待办事项进行审查、确定优先级并确保待办事项的最优先级项目已经准备就绪。在迭代计划中，团队从产品待办事项列表中确定在迭代期间他们需处理的项目，并制订完成这些产品待办事项列表中的项目的初始计划。团队必须做好管理工作并交付价值，而不是脱离工作或做不提供价值的工作。

评估——评估在自适应/敏捷性环境中和在预测环境中同等重要。关键的区别是使用绩点（不同任务之间工作的比较）和团队速度（在迭代期间完成的与"用户故事"相关的工作估计的总数）来对评估不断进行细化和改进。

二、第一级：初始流程

不存在既定的规划或进度标准。缺乏文档记录使项目很难取得可重复的成功。

1. 进度管理规划

不存在进度管理规划。项目进度表定义松散，很少或没有项目启动文件。

2. 活动定义

活动定义的方式是临时性的，没有记录，并且因项目而异（里程碑标准的采用不是标配的)。范围声明通常是早已准备好的,但工作分解结构包括一组基本的里程碑和可能的可交付成果。工作分解结构范围内可能会忽略功能支持领域。

3. 活动排序

即使项目活动有顺序,也是在临时基础上安排的。即使项目活动是按顺序排列的,这个顺序也很少反映依赖关系。单个项目团队也许能够访问和了解排序方法,但这些方法在整个企业中并不是标准化的。揭示依赖关系的网络图通常不存在。

4. 活动持续时间估计

项目经理已经开发了自己的估计时间的方法,所以在项目或部门之间没有一致性。因此,很难利用历史信息来提高估计精度。

5. 进度开发

没有组织过程(只有一个临时的方法)来开发一个包括使用网络图、确定活动持续时间、确定资源和优先级、确定开发进度和项目基线的计划。计划开发通常局限于独立的里程碑。里程碑之间的持续时间是粗略的猜测。项目经理用自己的方法来确定所需的资源和数量,用一个临时的方法来决定谁可以在项目中工作。

项目管理办公室在制订计划或确定计划工具方面没有提供帮助。项目团队和组织的各个部门使用各种方法来利用里程碑开发进度基线。组织中不存在工具共通性。

6. 进度控制

单个项目团队和组织的部门应用自己的方法来管理和控制进度。进度里程碑变更的管理是不平等的,且在许多情况下没有被监控;而且变更很少涉及纠正措施。应要求提供特别时间表报告。

7. 进度集成

对于伞形项目计划或综合组织计划,偶尔会有一个非正式的临时项目计划分组。根据要求,个人将项目时间表组合在一起,以描述计划里程碑状态和组织范围内的成就。

8. 自适应/敏捷性环境

工作:产品待办事项细化不一致,迭代待办事项与产品待办事项不一致,迭代不一致,团队经常没有工作。巨大的努力付出是常态。

评估:敏捷团队没有使用标准的评估技术(T恤尺码估算法、计划扑克法、积分法等),并且没有测量速度,导致承诺没有得到兑现。

三、第二级：结构化流程与标准

存在基本流程，但规划和调度不需要这些流程。标准调度方法用于大型、可见的项目。

1. 进度管理规划

进度管理规划的制定是项目管理过程的一部分。这样的规划为定义和管理项目进度建立了一些规则。大多数大型和可见的项目都开发和利用进度管理规划。

组织变更管理计划和任务被合并到大型项目的总进度中。

2. 活动定义

一般情况下，存在一个范围流程，并准备了范围说明。然而，管理并不要求遵循这些流程。

总结活动是为近期和长期工作定义的。企业维护一个基本的、记录在案的过程，用于定义具有为项目建立的标准里程碑和退出标准的活动。范围说明是作为大型可见项目的标准实践准备的，这样的项目遵循基本流程、工作分解结构模板、标准里程碑和退出标准。有一个至少下沉到第三级的工作分解结构模板。

大型可见项目的项目进度表是详细的，活动是为实现范围而定义的，包括里程碑和可交付成果在内的活动至少达到工作分解结构中的第三级。通常，存在一个范围流程，并且准备了一个范围声明，但管理层并不要求遵守该流程。

活动定义过程是文档化的并且是可重复的。顶级工作分解结构模板、一组已确定的关键里程碑、退出标准和活动定义过程是针对大型可见项目进行标准化的。鼓励小型项目使用该流程。

规划流程得到管理层的支持，并逐渐为整个组织所接受。

3. 活动排序

企业有一个基本的、文档化的流程，用于对活动进行排序并建立优先级和依赖关系。

活动顺序流程包括对影响活动顺序的约束条件和假设的正式识别。对活动进行排序并建立优先级和依赖关系的流程可以作为大型可见项目的标准。

企业可以获得各种活动排序方法（优先级法、箭线图法和条件图法）。强制性依赖关系在摘要级别上进行标识。

网络图存在于摘要级别，并描述了强制性的依赖关系。

4. 活动持续时间估计

该企业为项目团队提供了可用的行业标准工具、技术（例如，相似法、参数法、三点法、自下而上法等）和（或）因素，以帮助项目团队估算工作量，但这些工具、技术和因素的使用不是强制性的。

为了估计持续时间，项目团队可能依赖于专家知识、行业标准、模拟技术，以及一些组织特定的标准和因素。

5. 进度开发

所有活动都指定了开始和结束日期。基本的指导方针代表了一个完整的、记录在案的、可重复的制定进度的过程。此外，这个过程还包括建立一个历史数据库，以收集有关活动持续时间的数据。制定并记录了进度管理规划和流程。大型的、可见的项目遵循这些指导方针并将其作为标准，鼓励其他项目应用。

项目管理办公室密切监控和支持项目活动期限的确定、进度表的制定和项目基线的建立。有一个详细级别的项目进度表是一种规范（显示结构开始"充实"每个产品或服务组的可交付成果的级别）。

为了计算工期，项目团队依赖于专家知识和对行业方法、标准、因素以及商业数据库的调查。因素和标准可能包括能力和资源投入措施。

企业提供完整的资源清单和行业标准工具、技术和（或）因素，供项目团队在估算数量时使用。团队制订人员配备计划，并与一线管理层合作获取资源。

资源被引入到进度中。成本估算用于支持进度的制定，也一并考虑了项目风险。企业有一个文件化的分配、时间阶段和项目基线的流程。基线已经建立，但可能经常更改。项目管理软件工具是大型可见项目的标准工具，集成（依赖关系）是在项目内部完成的。

6. 进度控制

为了管理和控制进度表，开发并记录了一个流程。介绍了一种进度变更控制系统。该流程包括进度状态、决策方法、变更控制表单、变更日志以及报告问题的表单和日志。

编制总结和详细的进度报告，并提供给主要利益相关者。这些报告是由中央系统产生的。通过比较计划数据与实际数据以及里程碑的完成率来跟踪进度状态。进度表基线已建立，但可能经常更改。组织能够对进度状态进行简单的方差分析（对计划状态和实际状态进行比对分析）。收集进度基线、计划状态和实际状态等指标。

7. 进度集成

在总结级别上，项目进度表被人为组合在一起，作为描述项目和组织范围的进度表。没有在规划进度表或组织范围的进度表中集成依赖关系的尝试。在总结和详细级别上，项目进度表仍然被手动地组合在一起，作为描述项目和组织范围的进度表。考虑整合项目和组织范围的进度表。合并进度表的准则正处于拟订的初期阶段。

8. 自适应/敏捷性环境

工作——产品待办事项列表细化使用标准技术。迭代待办事项和产品待办事项是一致的，但是迭代仍然是独立的。敏捷团队正在掌控工作，但缺乏决策制定。

评估——敏捷团队正在使用标准的评估技术，并且基于数据来测量速度。评估使用了数据和燃起图及燃尽图。

四、第三级：组织标准和制度化流程

大多数项目都记录在案并采用了进度管理流程。

组织范围的集成包括项目间的依赖关系。

1. 进度管理规划

进度模板是存在的，并且在所有项目中都被一致使用。替代分析被用来确定使用哪种调度方法（瀑布式、滚动波式、按需式、自适应式等），或者如何组合方法才是最优的。范围说明用于构建工作分解结构，作为制定项目进度的基础。这些文件与进度管理计划相结合，详细阐明了如何定义和控制项目进度。

所有项目都需要将变更管理任务和效益实现管理任务纳入进度表。

2. 活动定义

包含项目假设和约束条件的范围说明可作为所有项目的组织标准。工作分解结构通常被用作确定项目活动和定义所需资源的基础。制定包含详细活动的详尽的进度表是组织的标准做法。

如果合适，则详细的活动可定义为近期的工作和以后的工作。活动定义流程是有文档记录的，并且是可重复的。活动模板集成到标准调度软件环境中。收集并保留如每个项目的活动数量等的度量。

项目活动的定义包括项目外部可能影响项目的关键任务（外部依赖关系），这些任务需要被监控和管理。它们可能与项目和（或）企业相关。

3. 活动排序

对活动排序过程进行扩展，包括外部依赖关系和活动网络模板。网络模板描述了常见的、有序的活动和依赖关系。

在对活动进行排序时，除第一个和最后一个活动外，每个活动都应连接到至少一个后继活动和至少一个前继活动。

可重复的过程是所有项目的组织标准。项目团队记录网络图方法，并记录不寻常的方面。可自由支配的依赖关系和强制性的依赖关系都在详细级别上得以确定。

详细级别网络图描述了可自由支配的、强制的和外部的依赖关系。网络模板被集成到标准调度软件环境中。收集和保留历史信息，例如外部依赖项的类型。

4. 活动持续时间估计

项目小组开始确定依赖外部的活动。存在关于公共活动的历史信息，并且活动定义流程被扩展为包含具有特定组织的定义的活动模板。所有项目都必须使用行业标准工具、技术和（或）因素来估算工作量。所有支持估计的数据（包括假设）都记录在每个持续时间估计的文档中。

5. 进度开发

自动化调度工具是标准的，并在整个企业中使用。有一个与项目范围和工作分解结构相一致的适当细节级别的项目进度表是一种规范。对于类似的项目，可重复使用的进度模板是有文档记录的、可用的和强制性的。对于传统的瀑布式结构项目，必须进行关键路径调度。

建立历史数据库，企业开始收集和分析类似活动的实际项目持续时间。

确定资源需求的过程由企业完全实现。计划流程与项目管理办公室、战略规划系统和风险管理流程完全集成。项目管理办公室管理所有的资源优先级。

项目管理软件工具是所有项目的标准，并且项目是在规划区域内集成的。成本和进度信息除相互集成外，也与技术数据集成。在持续时间标准、能力因素和资源贡献因素等领域收集和分析度量标准。所有的度量管理过程都已到位、记录在案并正在使用。

企业可以使用各种调度方法：确定性关键路径方法（CP：指定的网络逻辑和单个持续时间估计）、概率图形评估和评审技术（GERT：网络逻辑和持续时间估计中的概率）、加权平均程序评估和评审技术（PERT：顺序网络逻辑和加权平均持续时间估计）。

供应商进度被集成到项目主进度中。

6. 进度控制

项目团队遵循进度变更控制系统、进度报告过程和挣值分析过程。确定、评估和管理进度状态和变更，并通知项目利益相关者。

形成文件的绩效测量，评估项目进度状态，并使组织能够采取纠正措施。进度基线被建立、遵循和管理。

进度基线的变更是集成变更控制的输出。成本和进度报告是集成的，用以监视和分析绩效指标（如进度差异和完成时的估计），并实施纠正措施。

利用所有已记录的过程。进度变更控制系统与企业的控制系统、监控程序和风险管理过程集成在一起。成本和进度报告与技术报告集成在一起。

7. 进度集成

项目调度过程在总结和详细级别上描述和集成项目进度。程序集成在企业级别上进行，很容易完成并且是可重复的。采用统一的流程、系统和方法来集成整个企业的计划和进度表。该企业开发、分析并将综合计划和主进度表分发给适当的各方。对关键的外部依赖关系进行了识别、监控和管理。对规划和企业视图进行了描述和分析。

8. 自适应/敏捷性环境

工作——产品待办事项列表的细化遵循已定义的具有角色和职责的流程。对冲刺待办事项列表和产品待办事项列表持续进行跟踪。对每个冲刺待办事项列表进行排列和执行。由敏捷团队来决定工作。

评估——敏捷团队跟踪实际的版本和计划的版本。承诺始终如一地交付成果。

五、第四级：管理流程

进度管理程序利用历史数据来预测未来的表现。管理决策是基于效率和效果指标做出的。

1. 进度管理规划

进度规划和进度管理是所有项目的必要条件。这些技术是根据所涉及项目的规模和类型以及企业环境而定制的。利用专家判断和项目档案来制订计划。

2. 活动定义

所有的流程都已到位、有文档记录并得到利用。定期监测项目活动。重点是依赖企业中其他项目或计划的信息。管理层使用这些信息对项目和相关工作做出决策。制定并遵循文件化的流程，并利用这些信息做出管理决策。

3. 活动排序

项目依赖关系被定期监控，整个组织中项目和程序之间的依赖关系也被关注。管理层使用依赖关系来支持有关项目和相关工作的决策。

存在一个文件化的过程，利用项目依赖关系来理解管理决策的全部影响。

4. 活动持续时间估计

所有的评估流程都被记录下来并被加以利用。定期监测估算，管理层使用所得信息对项目和相关工作做出决策。规划流程与项目管理办公室完全整合。

5. 进度开发

基线估计（包括修订的和原始的）不仅用于管理单个项目，而且用于制定有关项目执行的管理决策。资源利用最大化，方差报告度量效率和效果的性能指标。进度状态已被用于支持管理决策。

一个利用基线、资源利用度量和管理决策的进度状态的流程被开发、记录并就位。基线过程与组织的战略规划系统和风险管理流程完全集成。

6. 进度控制

进度评估被纳入并包含在项目效率和效果的确定中。对于某些项目，挣值和绩效状态报告与成本和进度系统集成在一起。

进度表支持挣值分析。存在计算计划和执行工作的预算成本以及完成时的计划估计能力。使用所有挣值技术，包括绩效指数，将项目绩效与项目基线进行比较，并做出适当的预测。

挣值技术用于更新项目进度（修改基准成本）并支持项目效率和效果的确定。在项目执行期间，为管理决策使用进度评估和挣值技术的过程被开发、记录并就位。

7. 进度集成

在项目执行期间，为了管理决策被开发、记录并就位，利用了集成的计划和组织进度表的流程。采用了独立审计，以确定需要改进的领域并给出建议。

8. 自适应/敏捷性环境

工作：产品待办事项列表优化利用数据和团队学习。

评估：敏捷团队使用性能数据来提高承诺的速度和效率。

六、第五级：优化的流程

改进用于进度管理流程的程序。审查得到的经验教训，并用于改进记录的流程。

1. 进度管理规划

在规划进度管理活动（如跟踪和测量方差）时，价值和改进是关键考虑因素。进度管理包括记录和传播与计划过程相关的经验教训。

2. 活动定义

有一个可以持续改进活动定义的流程，使用模板、过去的经验和行业标准有效地完全识别所有活动。

流程改进还关注并确保所有约束和假设都被正确地识别和捕获。获得经验教训并用于改进活动定义工作，同时对改进的流程进行开发、记录和使用。

3. 活动排序

活动排序不断改进，以便更好地识别强制性、可自由支配性和外部依赖性，并确定相对于其他活动，每个产品或服务必须在何时完成。将获得的经验教训用于改进活动排序事件。

4. 活动持续时间估计

有一个持续改进评估的流程，所获得的经验教训用于改进评估工作。

增强的过程已被开发、记录并就位。

5. 进度开发

持续改进进度表定义的流程已经到位，包括使用项目网络图、确定活动持续时间、确认资源需求、创建项目进度表和建立基线。

6. 进度控制

维持一个对包括进度绩效分析在内的进度控制流程进行持续改进的过程，从中吸取经验教训，并用于改进监测和控制工作。

7. 进度集成

为项目和整个组织不断改进进度集成过程的流程已经就位，所获得的经验教训用于改进度量工作。

8. 自适应/敏捷性环境

工作：组织通过经验教训和绩效衡量措施不断改进工作。

评估：组织通过经验教训和绩效衡量措施持续改进评估方案。

第六章
项目成本管理

成本管理的总体目标是确定项目的总成本,以对成本进行管理,并确保项目在批准的预算内完成。成本管理包括估算已确定资源的成本、制定项目基线、将进度与基线进行比较以及控制成本。

在自适应/敏捷性环境中,由于频繁的变化,计划不会从详细的成本计算中受益。相反,可以使用轻量级的估算方法来生成快速、高水平的项目劳动力成本预测,然后在发生变化时可以轻松调整。详细的估算适用于短期规划。成本管理包括三个方面:

(1) 特定周期内财务计划的预算编制(例如,按启动预算计划或年度预算计划)。

(2) 成本计算和资本支出(Capex)。

(3) 效益或价值实现,这是一个"敏捷宣言"(Agile Manifesto)原则,即"我们的首要任务是通过早期和持续交付有价值的软件或其他产品来满足客户"。

一、项目成本管理的组成部分

1. 成本管理计划

本部分涵盖了制定成本管理政策和程序的过程,包括记录、计划、管理、支出和控制项目成本。

2. 成本估算

成本估算是一个分析过程,使用影响因子、方程式、关系和专业知识来确定产品、服务或流程的成本。如果确定了详细的资源,则在估算成本时使用费率和影响因子来确定成本。该部分的产出就是项目成本估算。

3. 预算确定

该部分涉及通过将成本估算分配给工作分解结构中的各个要素来制定项

目成本基线。成本预算包括制定基线的分阶段成本预算。预算确定的主要产出是项目成本基线。

4. 成本控制

成本控制包括管理成本基线，以确保项目在批准的预算内完成。

管理成本基线需要实施成本控制系统、发布成本状态报告、分析成本绩效指标、确定成本基线的变更、管理授权变更、通知利益相关者并采取纠正措施。主要产出包括成本报告、成本绩效分析、修订的项目成本基线和经验教训。

成本预算还包括先前作为绩效衡量组件包含在本模型早期版本中的挣值过程。通过比较成本基线和实际绩效来计算挣值。主要产出是实际成本与基准成本和挣值指标的比较。

5. 自适应/敏捷性环境：编制预算、成本核算、效益或价值实现

（1）编制预算。

编制预算不是在销售和市场营销等级别的部门进行的，而是在针对客户的部门进行的。因为产品的支持团队是全职且专职的，所以只需确定产品预算。

（2）成本核算。

由于团队由全职、敬业的团队成员组成，他们有一个固定的团队成本，通常以每小时或固定的每个人的价格来表示，每个迭代（Sprint，即一个计划将持续多长时间）应该是相同的。迭代、工作时间和团队成员能够准确预测的开发速度都趋向一致。在确定了该计划需要多少次迭代后，产出结果将是团队在整个计划中的成本。虽然在自适应/敏捷性环境中成本支出的计算可以更简单，但团队和财务部门必须就如何衡量成本支出达成一致。

（3）效益或价值实现。

效益和价值从投资组合层面和产品路线图开始，在交付最低可行产品（MVP）的过程中通过公司重要战略（Epics）、对用户有价值的功能（Features）和用户的细分场景（Stories）进行跟踪。由于敏捷是迭代和增量的产品构建，收益和价值可以通过基于客户反馈的新功能的增强来更快地交付，这意味着要构建具有客户想要的功能并将交付价值和效益的正确产品。

二、第一级：初始流程

组织认可验收的流程，但没有既定的实践或标准。成本流程文件是临时的，各个项目团队遵循非正式的做法。这使流程的跨项目复制变得困难。管理层可能意识到成本管理的重要性，并定期申请成本指标。

1. 成本管理计划

不存在成本管理计划。项目预算定义松散。很少或没有可用的预算启动文件。

2. 成本估算

成本估算是在临时基础上制定的,可能包含也可能不包含所有成本。作为评估的基础,项目经理通常会有一份范围声明和一份进度表,其中包括一组基本的里程碑任务,也许还有一份可交付成果清单。评估的文件是不完整的、有限的,并且不是组织所要求的。虽然单个项目团队可以使用一些工具和技术,但是它们在整个组织中并不是标准化的。

3. 预算确定

项目团队和组织部门可能采用了制定成本基线的方法(分配和分阶段成本估算),但组织没有既定的做法。过程文档记录不完整。

4. 成本控制

组织的各个项目团队和部门在管理和控制成本方面采用自己的方法。成本变化管理不一致,在许多情况下没有受到监控或应要求提供临时成本报告。成本绩效的跟踪也是通过使用非标准实践来实现的。

5. 自适应/敏捷性环境

(1) 编制预算。

敏捷团队的预算采用传统的成本计算模型,如每个职能部门的资源成本计算和单独的费用返还。

(2) 成本核算。

不计算成本,也不跟踪工作。

(3) 效益或价值实现。

未定义,或者与路线图或项目组合一致。没有明确的最低可行产品。与组织利益管理无关。

三、第二级:结构化流程与标准

存在成本估算、报告和绩效衡量流程。确定通用关键资源(劳动力类别、工时、设备和材料)和监控基本成本指标的过程有文件记录。然而这些过程不被视为组织标准。

成本管理流程用于大型、重要的项目,管理层支持应用这些流程。尽管基本信息是可以手动收集和关联的,但还是存在基本成本信息(如计划预算、完成百分比)的度量,有文档记录的流程是可重复的。资源成本计划、历史成本数据库开发、挣值技术和成本性能分析,可能存在其他流程。

1. 成本管理计划

制订成本管理计划是项目管理流程的一部分。该计划建立了定义和管理项目预算的规则。大多数大型和重要的项目都制订和利用此类计划。

2. 成本估算

该组织有一个生成和维护项目成本估算的文件化流程。通常情况下，编制范围说明，存在顶级工作分解结构模板（第一级和第二级显示了组织首选工作分解结构），并且通常有汇总计划。这些项目支持工作分解结构上层的汇总级估算。

建立了基本成本估算模板，该模板可能包括成本描述、工作分解结构要素、工时估算、资源需求（设备、材料、差旅费用、风险因素、估算备份数据和关键假设）等项目。为通用资源制定平均计费费率。

该组织可以使用工具、技术、商业数据库以及行业成本标准和因素。具体组织的成本标准和因素尚处于早期制定阶段。估算成本时考虑项目风险。

建立了一个系统来记录项目估算数据并收集实际数据（来自项目团队的"估算"实际数据和公司会计编制的实际数据），以供将来做比较。

对于可以建立标准的资源，可以制定平均资源费率。

3. 预算确定

除大型、重要的项目外，基线尚未成为一种普遍做法，也未被确立为组织标准。该组织有一个文件化的项目分配、时间分期和基准化流程。每个项目都有一个支持制订分阶段基线的员工管理计划。

组织有能力对项目进行基线化，大多数项目在不同的细节级别上制定和记录基线。基线是根据项目进度建立的，但可能经常变化。

4. 成本控制

有文件化的流程详细说明了成本报告的发布和分发步骤。定期成本报告在汇总层面编制，并提供给关键利益相关者。成本汇总报告由一个综合系统生成。

收集并报告基本成本指标（计划预算和完成百分比）。建立了管理和控制成本的文件化流程，并引入了成本变更控制的概念。该流程包括成本状态报告、变更控制表单、变更日志和问题日志等项目。

基线是根据项目进度建立的，但可能会经常更改。编制总结和详细的成本报告并提供给关键利益相关者。项目实际数据的估值由项目团队提供（而不是从公司系统中提取会计实际数据）。

5. 自适应/敏捷性环境

（1）编制预算。

敏捷团队的预算是项目的资源，而不是产品。

（2）成本核算。

根据产品待办事项列表进行基本成本计算。

（3）效益或价值实现。

已定义最低可行产品，但未与产品路线图价值挂钩。

四、第三级：组织标准和制度化流程

所有成本流程均已到位、记录在案，并将组织标准考虑在内。因此，它们被大多数项目所应用。成本估算已扩展到包括替代方案分析在内。绩效测量过程超越了简单的方差分析。成本变更控制系统已到位并已实施。

所有流程都是可重复的。

系统正在变得更加集成。资源需求被上传到项目管理办公室的资源库中，项目基线与项目管理办公室的自动化或其他调度系统整合，成本报告很容易完成。

收集并分析资源类型、成本估算以及项目绩效和效率的指标。项目团队将实际数据的估值与公司财务和会计系统的实际数据进行核对。管理层充分支持成本管理流程，并将程序和标准制度化。

1. 成本管理计划

存在预算模板，并且在所有项目中使用这些模板。范围说明、时间表、估计和资源配置计划被作为制定项目预算的基础。这些文件与成本管理计划详细说明了如何定义和控制项目预算。

2. 成本估算

成本估算过程进一步扩大到包括备选方案的成本分析在内。整个过程都有完整的记录和可重复性。实施成本管理计划中概述的流程。制定了组织特定的成本标准和因素。

利用范围声明和工作分解结构模板，有能力估计大部分级别的工作分解结构，从而在适当的情况下生成详细的项目成本估计。

针对项目实际成本（基于迄今为止的实际数据的预测）与原始估计成本之间的差异，收集相关指标并建立、分析和报告指标收集标准。

已启动成本估算历史数据库，以制定成本标准并确定影响因子。将利益实现管理执行成本和变革管理的组织成本列入预算。

3. 预算确定

项目在最低合理水平上确定并记录项目基线。基线是根据项目进度确定的。有能力以适当的详细程度将时间阶段估计输入到项目软件或类似系统中。基线过程与项目管理办公室的项目进度系统完全整合、记录在案并且可重复。

建立、遵守和管理基线。

4. 成本控制

项目团队遵循并利用成本变更控制流程、成本报告流程和绩效衡量分析流程。识别、评估和管理成本状态和变化并告知利益相关者。建立、遵守和管理基线。整合成本和进度报告。绩效状态报告与成本和进度系统整合。监测和分析绩效指标（如进度差异、成本差异和完成时的估计）并在必要时采取纠正措施。项目团队将实际数据的估值与公司财务和会计系统生成的实际数据进行核对。

5. 自适应/敏捷性环境

（1）编制预算。
敏捷团队在财政年度的预算中作为产品团队来体现。
（2）成本核算。
团队利用速度图、燃起图及燃尽图数据来计算成本和资本性支出。
（3）效益或价值实现。
最低可行产品由关键利益相关者批准，并与组织利益管理保持一致。

五、第四级：管理流程

成本规划和跟踪与项目管理办公室、财务和人力资源系统相结合。标准与公司流程相关。组织要求遵守项目管理流程和程序。管理层对项目采取"组织观点"。

1. 成本管理计划

所有项目都必须进行成本规划和预算管理。成本规划和预算管理所需的严格程度和详细程度是根据项目的规模和类型以及组织环境而确定的。专家判断和项目档案被用于制订计划。使用、维护和支持项目结果的机会成本为项目成本决策提供了数据。

2. 成本估算

所有的评估过程都被记录下来并加以利用。成本估算与项目管理办公室、财务和会计、战略规划和风险管理小组完全整合。组织特定的成本标准和因素存在于工作分解结构的元素中，这些元素被一致使用并作为项目标准。建立历史数据库，收集和分析数据，以供将来参考和定量应用。

3. 预算确定

所有过程均记录在案并加以利用。基准化过程与计划、组织的财务和会计、战略规划和风险管理系统相结合。

在项目执行期间，开发、实施并记录利用基线测量进行管理决策的过程。

4. 成本控制

所有过程均记录在案并加以利用。成本变更控制系统与组织的其他控制系统、监控程序和风险管理流程相集成。成本和进度报告与技术状态报告相结合。实际数据由公司财务和会计系统提供，并由项目团队进行分析。记录用于评估项目成本状态的绩效测量过程并制定纠正措施。成本控制过程记录在案并可重复。

5. 自适应/敏捷性环境

（1）编制预算。

采用绩效数据以改进预算模型。

（2）成本估算。

组织使用挣值管理（EVM）技术来管理和预测成本与资本支出。

（3）效益或价值实现。

组织使用绩效数据来提高收益及促进价值的实现。

六、第五级：优化的流程

吸取的经验教训改进了记录的流程。管理层积极利用效率和有效性指标进行决策。度量标准用于衡量项目在执行过程中的绩效，并用于制定未来的管理决策。

1. 成本管理计划

价值和改进是计划成本管理活动时的关键考虑因素。计划包括根据预算跟踪实际支出并测量差异。成本管理利用从规划过程中吸取的经验教训，记录并传播这些经验教训。

2. 成本估算

制定了持续改进成本估算的流程，使组织能够更好地预估项目成本并改进成本管理计划。吸取经验教训并用于改进成本管理工作。

将根据截至目前的实际数字预测的项目成本与原始估计数进行比较。管理人员使用这些信息为持续支持项目活动分配所需的资源，并制定项目决策，确保成本估算过程的有效性。管理层利用这些信息了解持续支持项目活动所需的资源，并就项目做出决策。

在项目执行之前和执行期间，利用成本估算做出管理决策的文件化流程已经到位。

3. 预算确定

制定了一个持续改进成本预算和基准化过程的流程，吸取经验教训并用于改进基线工作。原始和修订后的基线估计都用于管理单个项目，也用于帮助与项目执行相关的管理决策。

4. 成本控制

成本控制措施需要持续改进。在项目执行期间，利用成本评估进行管理决策的文件化流程已到位，从中吸取经验教训，并用于改进监测和控制工作。全挣值技术用于更新项目成本（修订基线）并支持项目效率和效果的确定。

5. 自适应/敏捷性环境

（1）编制预算。

组织通过经验教训和绩效指标不断对预算进行调整。

（2）成本核算。

组织通过吸取经验教训和衡量绩效不断提高成本管理水平。

（3）效益或价值实现。

组织通过吸取经验教训和衡量绩效不断改进收益或价值的实现。

第七章
项目质量管理

质量管理的主要目的就是确保客户满意，确保需求达成，确保目标实现，确保产品或服务发挥应有功能。上述活动或任务的开展可以确保相关企业的产品或服务能满足所有预先想要达到的需求（工作方案中有所体现），涉及过程视角和所需人员。要保证所选用的人员能实现产品或服务过硬的质量，从而快速高效地圆满实现项目目标。行政支持至关重要，能很好地推动并实现过程，提高最终产品的质量，因此管理监督在此知识领域中是一个特别值得关注的部分。

在自适应/敏捷性环境中，敏捷工作方式需要经常性的质量监管检查。这类手段要贯穿项目始终，而不能仅仅是在项目终末阶段实施。全部12条"敏捷宣言"原则都会直接或间接地推动质量的完善。只有经常性开展质量检查，才能确保质量过程的有效运转，才能找到质量问题发生的根源，从而提出新的解决办法，以便更好地提高质量。质量检查会对某些实验性过程进行评估，检查该类过程运转是否正常，是否适合持续运转或者是否需要重新进行调整，抑或应该弃而不用。为了达成快捷的增量交付，敏捷方式应重点应用于工作细节部分，尽可能多地覆盖项目最终交付产品的各个环节和部分。小批量系统的目标是尽早发现项目生命周期中存在的故障和质量问题，尽量降低生产成本的增耗。

一、项目质量管理的组成部分

1. 质量管理计划

质量管理计划是要厘清质量标准、具体做法和相关步骤。质量计划的制订应当与项目其他过程计划制订工作保持同步。

质量计划的主要成果就是制订质量管理计划，明确具体工作、责任分工和项目有关实施步骤以及最终交付产品。质量计划还包括落实质量保证和质量控制的相关策略。

2. 质量管理

质量管理，之前在项目管理学会（PMI）标准中称为质量保证，要求有关企业对各过程、步骤和标准进行开发和评估，确保各项目达到相关质量标准。[①]

3. 质量控制

质量控制是指对项目实际成果进行监管，检查产品是否符合相关质量标准，提出杜绝不合格产品的根本举措。质量控制各项工作十分必要，可以确保项目产品达到项目团队在质量管理计划中明确的质量目标和产品性能。

4. 自适应/敏捷性环境：产品质量、测试和持续集成

产品质量——产品质量和预测环境的主要区别是：产品质量测试是由团队开展的，而不是一项独立的功能；产品质量测试随开发过程持续性开展，是全过程而不是节点性的；产品质量测试是具有客户互动性的，要确保客户期望得到满足。

测试——敏捷测试不用于预测环境，该测试是在项目初始阶段开展的，并在开发和测试环节持续开展。敏捷测试不是有序性的（有序性是指敏捷测试仅在某些节点开展），而是连贯性的。除此之外，敏捷测试要求全自动化开展相关工作，这对持续性产品交付和不间断测试都非常重要。测试自动化针对的是测试过程中已经存在的重复性必要环节，或者针对那些人工难以完成的额外测试。

持续集成——持续集成是一种思维理念，而非具体工具。持续集成依赖于多种手段：测试工具、自动过程构建工具和版本控制工具。持续集成可以提高集成的频率，以简化集成的复杂性。

5. 特别关注部分：质量监督

质量监督的作用是了解、支持并参与项目管理各项活动。监督包括以下内容。

关注并支持——管理层必须明确项目管理各项活动的重要性，必须对管理过程具备高度的理解力，必须在整个企业推动项目管理过程和标准的落实。

参与——管理参与度包括参与项目管理活动、项目管理过程和项目管理标准各方面的工作。

自适应/敏捷性环境——引入自适应/敏捷手段后，管理团队的站位必须

[①] 在《项目管理知识体系指南》（PMBOK ® Guide）第六版中，质量保证更聚焦于项目各过程的有效运用、满足相关标准达成利益方诉求以及产品涉及要素和过程改进。

要随之改变。其中部分改变需要对如何管理有一个更新的认识，也需要对报告的目的和方式进行改变。

二、第一级：初始流程

尽管管理关注的是质量管理，但是没有任何完成的项目质量管理工作或标准完全部署到位。管理就是考虑如何定义"质量"这一概念。

1. 质量管理计划

正式质量管理计划还未形成或不需要在此阶段来制订。项目标准定义松散。某些项目团队可能会制订高水平的专项质量管理计划。项目经理会按照个人的理解来开展工作。

2. 质量管理

尚不具备质量保证相关活动或标准。某些项目团队建立相关流程，并进行专门检查，以确保其团队按照流程开展工作。

3. 质量控制

尚不具备控制质量的具体手段和标准。项目团队成员可能会要求某一方对其产品进行交付前的检查。

专门的测试可能会针对某些部门或基于开发的项目产品来开展。在信息科技环境中，分析师和程序员会开展各自的测试工作，以确定某部分运行是否正常。

4. 自适应/敏捷性环境

产品质量——产品质量是变化的，没有恒定的质量保证过程。

测试——人工测试，无测试记录和测试数据。一般来说，开发后会完成测试。

持续集成——人工和反应过程，存在很少的管理行为和无法控制的人为现象、文件资料和源代码。

5. 特别关注部分：质量监督

管理的任务就是明确项目管理过程应遵循专门流程，并由相关项目经理把控。

管理就是要了解项目的内容，明确项目管理的重点所在。

关注并支持——管理层要掌握项目管理过程，明确项目管理和运营管理的不同要求。在应用项目管理标准或专门过程时，管理层也支持个性化的关注，这需要由项目经理决定，且不需要一成不变。

参与——管理层在日常项目活动中的参与是有限的，参与是为了在必要时了解项目进展动态。

自适应/敏捷性环境——预测性/传统管理监督并不怎么关注产品开发方和产品经理的作用。敏捷团队必须按照预测性/传统管理监督架构相关要求，如项目赞助方、管理方和指导委员会。指导委员会缺乏对敏捷数据、状态和报告的了解。

三、第二级：结构化流程与标准

一项基本的企业项目质量政策已经得到采纳。管理层鼓励全面应用质量政策和成功获取项目成果。同时，管理层需要花费一定时间提高项目质量，明确和贯彻质量控制各项指标。企业的质量政策范围已然得到扩展，现在已囊括质量目标、质量级别以及企业人员相关职责。该部分人员担负的工作是使质量政策得到贯彻落实，确保质量标准的实现。

1. 质量管理计划

质量计划和标准的管理对于每个项目来说都是必不可少的。基本上来说，质量管理计划都包括设计指导原则。

质量管理计划要随着项目不断进展以及大环境的变化随时调整规模和类型。

质量管理计划是项目有关各方均需认真考虑的问题，包括项目经理、项目团队、赞助方、销售方和客户。计划的制定需要依靠专业判断，并要瞄准项目所要实现的目标。

质量管理计划流程受到的重视程度有所提高，现包括各类实验项目的设计指导原则（指可帮助明确哪些变量会对总体结果带来最大影响的相关分析技术），并且强调质量里程碑以及帮助团队更好地制订质量管理计划的标准化质检清单。该清单可以帮助项目团队更好地制订质量管理计划。质量管理计划流程以完成正式的质量计划为终点，并为此设立了相关模板。该过程还涉及重点会商节点的企业管理。

质量管理计划流程现已涵盖项目产品直接领域的相关实体（例如，在信息科技环境中，如果一个新系统是一项产品，那么与这个新系统有关的其他系统也要纳入质量管理计划考虑范畴之内）。企业已经明确了一两名人员，重点负责企业项目质量标准和质量保证工作。

对每个项目来说，标准项目管理模板需要确定，并要经常使用。质量管理计划包括对残次品的检查和处理措施。

2. 质量管理

质量保证有一个基本实现途径。广义上说，在特别重要的项目中，团队要建立相关流程，通过现场检查或委派检查的方式确保整个团队能很好地遵循相关流程。项目团队可在开发过程中明确相关要点，这些关键点可能需要额外的质量管理措施。质量保证过程包括相关工具和技术，比如流程图和运行规定等。质量保证过程是重要项目的标准步骤。项目管理办公室明确了政策和项目管理过程及标准，以更好地为质量保证各项手段的落实提供支持。项目团队利用清单开展检查，推动质量进步，这项工作贯穿项目全生命周期。其他项目团队也会在项目发展过程中使用设计理念实验等工具和技术。

3. 质量控制

基本质量控制过程从以下方面提供指导：

(1) 文件资料检查。
(2) 检查和功能测试。
(3) 绘图检查。
(4) 测试特定部门或部分批次产品。
(5) 集成测试（确保有效兼容）。

项目团队针对单个项目交付成果和产品进行检查。比如，在信息技术环境中，指导原则涵盖各模块和程序的测试，以此确保每个系统组件运行良好。指导原则还要求模块及程序集成完毕后对整个系统进行测试。

收集和分析总结阶段的测试参数。质量控制过程在大型及重要项目中得到落实。当然，在其他项目中，质量控制过程也应积极得到应用。制定实施详细合格标准和细则，包括企业需求和质量标准。

使用的工具包括合格标准、能力标准、企业需求、各类细则和检查及测试中的质量标准。质量控制过程包括文件资料检查和模板检查，指导原则如下：

(1) 产品单个组件的测试。
(2) 交付成果和产品的测试，包括用户评估。
(3) 集成测试，确定产品主要部件运行顺畅且兼容。
(4) 项目团队负责实施部门和集成测试。汇总测试参数和详细测试参数均需进行收集和评估。

4. 自适应/敏捷性环境

产品质量——发布的需求具有有限的可追溯性。质量保证过程需得到落实，这样质量才会相应得到改善。

测试——测试记录和测试数据是开发过程的一部分，这些数据资料可用来帮助开展自动化测试工作。

持续集成——自动化运行是在创立和测试阶段应用的，但其相关数据需要得到保留。

5. 特别关注部分：质量监督

基本项目管理过程不是企业标准的必要组件。只有大型或重要项目应用项目管理程序。项目基础汇总参数明确后，可以开展成本跟踪、日程管理和技术能力评估（三方面限制因素）。管理层明白项目管理工作的价值，并在整个企业组织内进行贯彻落实。尽管管理层并非一直参与项目管理工作，但其在大型和重要项目中扮演积极角色。

关注并支持——大型或重要项目中的管理监督工作可以帮助相关人员更好地拟制成本、安排日程、开展技术性能规划和跟踪。管理层为项目经理提供了必要的工具和训练手段，可以帮助项目经理更好地制定项目规划。

管理层会在项目完成后收到情况总结和正式的合格认证。管理层支持在企业范围内针对所有项目使用标准化项目管理过程，推动开展项目经理所需的训练并提供所需的工具，以更好地推动管理过程落地。

大型或重要项目应贯彻项目管理过程，原因在于企业认为此类过程有利于项目更好地完成。

参与——对大型和重要项目来说，管理层看重在重要时间节点项目绩效表现的进展报告（日程和成本）。如果有重要事项或变化需要经管理层批准，管理层会做好相应保障。管理层会审批通过项目流程并指派合适的项目经理。大型项目中，管理层会积极要求听取项目进展情况报告，因为该类报告可以体现项目计划执行情况和项目实际完成质量。

管理层希望项目质量得到认可，也会为此提供合理支持。管理层会协商通过有关项目变化控制事项，这些事项会影响三方面限制因素。管理层会积极参与处理项目团队无法单独解决的相关问题矛盾，并提供相应解决方案。如有必要，管理层亦会积极支持中小规模的项目，但会在某些时段要求项目经理及时提供绩效表现报告。管理层会在项目完成时对其予以确认。

自适应/敏捷性环境——管理层认为敏捷环境是复合式环境的一部分，但会敦促项目经理上报预测性/传统监督和情况汇报。

四、第三级：组织标准和制度化流程

质量过程需要做好资料留存，以应用于企业标准制定。管理层会参与大部分项目的质量监督工作。质量的核心是：在产品或服务覆盖的直接范围内，其在各系统内是否能很好地发挥作用？管理层支持质量功能的开发，指定一两名专人负责企业项目质量标准和质量保证工作。

1. 质量管理计划

质量计划和标准管理是所有项目必须做的工作。大部分质量管理计划包括设计指导原则。质量管理计划会根据项目规模和类型以及企业大环境变化随时进行调整和完善。质量管理计划属于项目各有关方均需关注的问题，包括项目经理、项目团队、赞助方、推销方和用户。制订计划时需要参考专业人士相关意见，同时要考虑项目所要达到的目标。

质量管理计划流程受到的重视程度有所提高，现包括各类实验项目的设计指导原则（是指可帮助明确哪些变量能对总体结果带来最大影响的相关分析技术）。重点放在质量里程碑和标准化质检清单上。该清单可以帮助项目团队更好地制订质量管理计划。

质量管理计划流程包括相关模板，以用来制订最终正式质量计划。该过程要求企业管理层在某些需要会商审批的关键时刻积极参与配合。质量管理计划流程现已涵盖与项目产品直接领域相关的其他实体的范畴和观点。例如，在信息科技环境中，如果一个新系统是一项产品，那么与这个新系统有关的其他系统也要纳入质量管理计划考虑范畴之内。企业已经明确了一两名人员，重点负责企业项目质量标准和质量保证工作。标准项目管理模板必须在所有项目中得到持续应用。质量管理计划还包括对残次品的检查和处理措施。

2. 质量管理

积极开展质量管理工作的主要做法包括制订定期现场检查计划，在项目取得关键进展的时间节点，由管理人员和其他项目团队成员联合开展。这种积极做法可以确保产品或服务很好地发挥作用，并与整个环境中的其他部分相互整合。

质量管理是项目各有关方均需关注的问题，包括项目经理、项目团队、赞助方、推销方和用户。

3. 质量控制

项目绩效表现标准确立以后，项目各项工作进展即依据此标准衡量。质量控制流程包括文件资料和绘图表格的检查、硬件设施检查以及整改流程的监督。用户需积极参与产品检查过程，并起到为最终交付的产品把关的作用。

4. 自适应/敏捷性环境

产品质量——在初始阶段将质量因素和风险因素集成到产品中，而不是仅仅依靠产品测试来发现产品质量缺陷。

测试——自动化部门和合格性测试。测试是开发过程的一个环节。产品开发只有收到及时反馈，才能持续做好产品调整和完善。

持续集成——变化发生时，自动化创立和测试程序即得到启动。

5. 特别关注部分：质量监督

所有项目管理过程都是可重复的，多数项目团队都应利用此类过程。用户在上述过程中也是项目团队中不可或缺的成员，发挥着积极作用。

管理层对各过程和标准确立了制度化准则,并对其提供全力支持。管理层为关键决策和文件提供意见建议,且会及时会商做出审批。管理层亦会积极参与解决项目面临的重大问题。

关注并支持——管理层应该参加项目管理培训,明确其项目管理角色,并提出其对项目发展的目标和期望。管理层要确保信息透明和优先开展重要事项,以此支持项目发展。除此之外,管理层还应明确和支持项目管理相关规定,并将规定制定工作独立出来,设立相应负责人和专门人员。

参与——非正式的变量分析比较的是项目各基准的差别,其分析结果可为管理层所用,在大部分项目中得到推广。管理层利用掌握的信息对项目进展情况做出评估,并与其他项目进行对比。管理层积极参与关键项目决策的制定,以此做好变更管控、问题整改、风险应对、质量保证和用户互动等工作。管理层会联合相关方指派项目经理。

自适应/敏捷性环境——管理层明确产品经理和产品开发者的角色和重要作用,为敏捷团队提供指导和帮助。管理监督的重点是产品的战略对接和关键敏捷目标的运行能力。该类目标由指导委员会负责监督,其他类型的监督均无效。

五、第四级:管理流程

企业管理层规定,所有项目均须应用质量管理计划标准流程。从企业的角度看,产品质量是通过某种环境中其他产品和系统来衡量的,还要看产品性能是否满足企业开发目标。项目管理办公室负责实现质量标准和质量保证的平衡。

1. 质量管理计划

质量管理活动规划的关键考虑因素就是价值和质量完善,这两点也是跟踪和评估各种举措的要求所在。质量管理计划会将整个环境纳入项目产品所在的环境中进行考虑。设立质量办公室以后,企业就会比照工业标准产品来开发其项目产品。

管理层提供了充足的资源,以便更好地贯彻执行质量管理计划。

2. 质量管理

各项目均需接受企业管理层现场督察和检查。与项目紧密相关的其他项目团队需确保检查结果满足商业要求和标准。文件流程要求每个重要组件(子系统、数据库、接口等)均需做好资料记录,其后,项目才能进入最终生产模式。企业质量管理系统包括相关政策、流程和指导原则。大部分项目应用的质量保证流程都是以质量标准为显著内容的。项目全生命周期收集的参数会定期与工业标准进行比对,以厘清可能发生问题的地方。

独立审查可以用来确定项目各项活动是否满足企业和项目相关政策、过程和流程。

3. 质量控制

企业需保持较高的绩效表现标准。项目产品需经常性地接受检验检查和测试，确定其是否满足相关标准。企业也会推行功能性标准。这些标准同样要经过检验检查和测试。

质量控制过程包括检查和测试模板以及相应指导原则。这些模板和原则可将产品与企业其他产品/系统进行相互整合。项目所涉及的所有企业部门均有机会对上述整合效能开展深度测试。

质量控制过程是贯穿于项目全生命周期实施的。该过程可通过可靠数据证明项目产品已达到合格标准。

4. 自适应/敏捷性环境

产品质量——关注焦点在满足用户需求上，因此也在极大程度上依赖于用户反馈和意见建议，以此推动产品用户价值的优化。

测试——记录产品参数和发展情况。明确并评估非功能性要求。

持续集成——收集并可视化创立参数，随后采取相应行动。

5. 特别关注部分：质量监督

项目管理过程与企业运营相互融合。管理层清楚自身在项目管理中的角色，在合适时机能很好地发挥相关作用。管理层明晰不同规模和复杂程度项目管理风格和项目管理要求的区别。企业章程要求管理风格和管理要求与项目管理过程相协调。

关注并支持——管理层积极支持项目管理过程的开展，这既是企业成功的关键所在，又能确保项目取得圆满成功。

举例来说，项目管理办公室应整合进企业大框架中，发挥完全功能区域或部门的作用。管理层能认识到企业项目化和矩阵式资源的价值。资源库管理制度要建立起来。绩效表现评估有利于工作更为高效地开展。管理层还需不断推动项目管理专业技能的提升，积极支持项目管理所需专业知识和技术技能。

参与——管理层需要分析变化，以对比项目各项标准是否在项目产品中得到满足。管理层在绩效表现评估中扮演积极角色。这项评估可以判断企业系统和项目管理过程的运行是否高效。管理层应定期参与项目相关工作，既可以从赞助方角度出发，也可以参与变更控制工作，抑或发挥用户联络或者项目指导的作用。

自适应/敏捷性环境——联合项目经理、程序产品开发方和交付研发经理针对企业目标开展管理督导。企业督导在联合项目层面展开，通过绩效表现数据制定产品有关战略决策。

六、第五级：优化的流程

质量管理过程包括的指导原则针对的是如何将完善整改措施反馈至质量管理中。相关参数是影响质量管理决策的关键因素，包括效益/成本比较、效益效率决策和最终产品质量决策。

1. 质量管理计划

质量管理包括从计划中总结经验教训。这类总结形成报告后供大家学习参考。经验教训也是未来项目产品进一步完善质量的关键。每个项目的质量管理计划过程本身也会接受批评指正，整合项目早期阶段收集的参数和资料，用以开展效益/成本比较，以帮助决策。质量管理计划利用收集的参数和资料帮助相关方做出与价值相关折中决策。

2. 质量管理

质量保证过程中的反馈结果对于未来项目改进管理起着积极作用。产品和各个过程发挥的效益效率作用会定期接受评估，评估依据为项目全生命周期收集的各类参数。

3. 质量控制

质量控制测试结果会在项目进展过程中定期得到复核，以帮助项目各过程实现调整和完善。

管理层通过质量控制结果提出相关决策，涉及产品和服务的可用性、适应性和可接受性。检验检查和测试过程也会用到质量控制结果，这些过程是对项目交付成果的最终确认。

4. 自适应/敏捷性环境

产品质量——基于经验教训总结和绩效表现评估，企业持续改进产品质量。

测试——测试是完全自动化的，生产过程的反复是比较罕见的，发现的缺陷会立即得到纠正。

持续集成——需要不断总结经验并持续改进，敏捷团队定期开会讨论集成问题，并通过自动化、快速反馈和优化解决相关问题。

5. 特别关注部分：质量监督

改进流程需要得到落实。总结的经验要定期进行复盘，并使之得到应用，以改进记录过程。项目在企业内部得到高度重视。因此，相关人员在项目日常各项工作中发挥着积极作用。

所有项目、改变和问题都会基于效益效率的考虑进行评估。管理层在质量督导和项目筹资方面起着积极作用。

各项目对企业的盈利至关重要。项目各职务上的工作人员对于项目成功责任重大。

关注并支持——持续性的改进过程可以提高管理层的关注程度和对项目的支持。经验总结后可以用来改善监督和控制效果。各项目的管理工作既要考虑其过往表现，也要考虑未来发展方向。管理层重视经验教训的总结，强调要基于效益效率考虑做出有价值的决策。

参与——持续性的改进过程可以推动管理层积极参与项目管理各方面的工作，总结经验并将其应用于监督和控制改进工作中。管理层利用项目获取的效益效率参数数据形成决策。管理层参与项目运行以及成功完成项目的经验也会得到总结。

自适应/敏捷性环境——管理督导是在企业联合层面开展的，某些关键活动会在行政管理层展开。指导委员会不负责提供督导。

第八章
项目人力资源管理

资源管理的基本目标是确保项目能获取并管理好所需资源,不管是人力资源还是其他实物资源,以此推动项目取得圆满成功。就人力资源或团队方面来说,资源管理包括确认项目各项工作所需的必要技术,合理分配职责任务,确保高效生产以及评估未来资源需求。所需实物资源相关内容也需进行确认、预估、接收和管理,包括相关设施及其他细物。

在自适应/敏捷性环境中,项目团队致力于资源得到最大化集中利用和广泛合作,如拥有商务和信息科技领域专业人士的自发组织团队。合作的目的是提高产能,推动问题得以创新解决。合作团队带来的好处不止一点,还可以推动不同方面工作的加速融合,帮助改善通信联络,提高知识共享度,增加工作安排的灵活度等。资源管理的两个构成领域为:确保团队人员齐整、团结协作的能力/要求,以及确保自我组织的能力/要求。自我组织是指团队决策力,应对不同场景的组织能力,以及非微管理模式下与用户的联系度。

一、项目资源管理的组成部分

1. 资源管理计划

资源管理计划涉及项目角色职责的明确、记录和分配,还涉及项目团队的各种汇报关系,以及确定如何评估、获取、管理和使用实物资源。

2. 资源评估

对于项目各项工作开展不可或缺的团队资源活动和物资、装备、补给等实物资源数量必须经过评估。

3. 资源获取

资源获取包括与项目有关必要资源的确认、收集和获取,包括团队成员、设施、装备、物资和其他资源。

4. 团队发展

团队发展是项目团队成员间凝聚合力、提高能力以及深化互动的过程，以此提高产能和效率，实现项目的成功。

5. 团队管理

是否存在促进项目团队支持操作的指导原则和标准？团队成员参与需求分析、内容开发和其他项目活动。项目管理团队也不断跟踪团队成员表现，为其提供反馈意见，帮助其解决实际问题。

6. 资源控制

资源控制确保实物资源按计划安排到位，并监管实物资源的使用（计划使用以及实际使用情况），以在适当时机采取合适行动。

7. 自适应/敏捷性环境：能力/要求和自发组织

能力/要求——在可预测环境中，资源需求是基于项目数量确定的且具有弹性，资源能力在众多项目上得到应用。与可预测环境不同，敏捷能力/要求是由速度决定的。这个速度指的是团队工作速度，也是由产品开发路线图和名册中的工作要素决定的。这些要素是用户要求的，是要体现在产品中推向市场的。只要产品开发路线图和名录能不断得到更新，团队就会持续开发相关产品并全面做好相关工作。

自发组织——从最简单的意义上说，一个自发组织团队指的是不依赖或等待项目经理分配工作的团队。这类团队自身寻找需要进行的工作，并管理相关责任和时间表。自发组织团队也承担责任，选择最为高效的方式完成其工作。团队定期通过各类实验寻找完善工作的方式。为了此结构能有效运行，自发组织团队必须具备高度的自主性和责任感。同样重要的是，团队要保持良好沟通，并相信团队里每个成员的能力。

8. 特别关注部分：职业发展管理

项目管理人员职业开发的基本目标是提高项目经理和项目团队储备人才的职业素养。职业发展管理反映的是组织企业对项目管理职业要求的看法和支持方式。职业发展管理包括以下几方面：

个人项目管理知识——个人项目管理知识库是通过学科训练和教育得来的，包括学位、证书或认证，也会从项目管理教育中得来。

个人项目管理经验和能力——简单地说，这是指进行项目开展或领导项目开展得到的独立真实经验。项目经理应该具备项目控制员、计划员/调度员、评估员/过程专家的经验，或者具备行政支持能力（包括变化控制、合同一致和报告等）。能力是由个人工作成效衡量的，也是由个人领导不同规模和复杂程度项目的表现衡量的。

项目管理开发的企业举措——如果企业承认项目管理是企业成功的基石，其会创造企业成功相关因素，如正式职业开发计划和项目管理事业路径。这些计划可能包括训练、补偿方案、能力评估、鼓励性奖励和方案。各类方案既面向团队成员，又面向项目经理。

自适应/敏捷性环境——针对敏捷团队的职业开发活动包括正式训练和职业学习，但需涵盖个人发展相关要求，特别是在自发组织和服务型领导力领域。

二、第一级：初始流程

企业明确了人力资源项目管理过程的必要性，但是没有重复的过程可以应用于计划和人力配置项目中。项目团队都是非正式的。人力资源时间和成本无法评估。

主要过程大体遵循一个"热身"的假设：任何人都是多面手，可以胜任多个岗位。文件资料是松散的，可能只包括一个项目参与人员名单。

实物资源管理同样比较特殊，没有可以重复应用的过程或标准。

1. 资源管理计划

特殊过程可以确定项目各项活动所要求的人员数量。这里存在一种非正式报告关系。项目人员明白自己必须听从项目经理的安排。

实物资源的初步清单有可能有，也有可能没有。实物资源需求方案的评估过程并非标准化的。

获取实物资源的过程尚未明确。

2. 资源评估

项目经理已建立起其确认所需资源品类和数量的方式（工种、时间、装备和材料）。

3. 资源获取

特殊过程是用来决定项目所需人员的，也用来建议各级管理层提供项目所需资源。

4. 团队发展

团队发展具有特殊性。确保项目团队成员发挥专业特长、共同完成工作，这仅仅包括将不同工种和性格的人员合理安排到各个岗位，组成同一个项目团队。不定期团队会议主要向团队阐明企业在项目范围、工作分解结构和交付成果方面的发展方向。

5. 团队管理

不定期团队会议向团队阐明企业在交付产品、工作范围、工作分解结构以及其他已明确内容上的发展方向。

6. 资源控制

实物资源处于松散管理的状态，其在项目内部的使用未达到最优化状态。资源成本未得到详细跟踪。

7. 自适应/敏捷性环境

能力/需求——团队基于传统资源供应和技术需求得到组建。资源是面向多个项目共同使用的。

自发组织——团队解散，不具备敏捷思维。成员往往单打独斗，不知道如何开展团队协作。

8. 特别关注部分：职业发展管理

企业内部不同部门分工明确，引领项目成功所需的技巧和能力不同于其他工作所需的技巧和能力，因此项目管理可以看作独立的工作领域。尽管如此，没有企业标准或过程可提供一个清晰的职业项目管理事业发展路径。各项目经理可能会根据不同成员在项目相关工作中发挥的作用对其予以肯定和奖励。

个人项目管理知识——部分人员可能较其他人更为熟知项目管理技巧，如使用日程工具的能力、理解预算机制或提交项目范围总体陈述的能力。

个人项目管理经验和能力——部分人员可能因其良好业绩或管理经验而得到重用。工作上的成绩体现的是个人能力和受认可程度。

项目管理开发的企业举措——某些经理会承认部分参与或领导项目取得成功人员的工作成绩，但是企业的认可和奖励机制也需要。

自适应/敏捷性环境——敏捷团队的职业发展是某个人的责任。企业不承认敏捷认证，也不会为个人取得相关认证提供帮助。

三、第二级：结构化流程与标准

可重复过程的建立是为了明确计划和管理人力资源以及实物资源的方法。该类过程包括各种所需投入、工具、技术和产品。

大型项目设立的正规团队负责实施人力资源管理过程。管理层期望项目经理能为大型项目制订人力资源计划。项目团队开展评估。项目结束的时候，项目经理负责向相关部门领导汇报团队成员的工作表现。相关报告有可能会成为人员惩罚或奖励的依据。

资源跟踪只针对特别重要项目来使用。

1. 资源管理计划

每个项目经理都会对团队人员类型和项目所需技能有大体的了解，也会大概掌握每个阶段项目所需的技术能力。主要交付产品的责任安排矩阵对相关内容进行了规定。项目企业流程图规定了团队人员之间的汇报关系。

项目经理会建立一个团队实物资源的清单，这些都是项目所需的相关资源。项目经理也会设立一个什么时候需要哪些资源的时间表。大型或复杂项目遵循固定的项目实物资源评估和获取流程。

非正式的分析（有关项目各方面工作和应对措施的团队讨论，但无须向管理层提交正式报告）可以确定项目的企业、技术和人际接口等内容。有一些限制因素会影响上述接口获取所需资源的能力，如企业类型（等级管理型或项目引导型）和个人对项目不同工作的喜好。

书面资料详细描述了关键项目人员所承担的责任。人事方案明确了资源应用的时间节点。随着项目不断发展，计划和实际情况会与人事方案做对比。更新后的计划信息来源于项目整合，人事计划会催生正确的应对行动。

2. 资源评估

详细活动和所需资源内容要为近期工作做好准备。大型或者复杂项目应用行业通行途径（如自下而上法、类推法、参数法或数据分析法）开展资源需求评估。活动定义过程将会得到扩展，以收集历史信息（类似项目的相关活动）。

完整资源列表涵盖所有工种、装备和材料。参与人员应利用此列表作为所需资源的清单（此为大型或重要项目的标准做法）。

计划过程启动以后，相关数据会进行记录，包括资源列表和量化方法。总体资源列表会收集到项目办公室资源资料库中。项目的有关针对性需求会手动添加进资料库中。

3. 资源获取

团队获取活动包括确定项目中哪些人员具备相应能力水平和合适时间。项目经理要求部门经理在一定时期内保留团队成员。成本管理提交的人事需求文件是人事管理计划的制订依据。

"先来先得"的过程可以确保任一经理对某名团队成员的需求得到满足。部门经理将资源划拨至某个项目后，资源所在工种就会被登记，以方便项目经理利用相关信息开展成本估算。当有更为紧急的项目需要项目中某个人员的时候，企业管理层会在短期内借调该人员。

人事管理计划让项目团队成员明确了所需的要求（基本经验、个人特长和性格、团队协作能力）。尽管如此，项目经理必须接收部门经理指派的相关人员。

资源管理人员和项目管理办公室共同协调资源库的管理。

一般来说，大型项目会遵循实物资源获取的相关采购过程和流程。

4. 团队发展

企业使用特定方法将项目团队纳入进来，明确开发范畴和工作计划。

管理层要求各参加团队能积极开展项目计划和管理工作。人事开发计划由负责职业发展项目的小组建立并完善。

5. 团队管理

项目相关指导原则涉及团队会议召开、日程状态检查、商务检查、技术检查和定期及持续性项目检查的计划。各类检查包括团队检查和培养团队认同感。

定期态势和进度会议可以保持项目团队成员了解项目实时进展过程，及时采取措施应对相关问题。项目经理负责对团队成员开展绩效评估。个人或团队表现优异的可以得到奖励。危机管理过程也会相应建立。

6. 资源控制

对于大型项目来说，装备、材料、设施和基础设施必须在规定的时间、地点，以规定的数量得到落实。项目资源开销会得到记录。

7. 自适应/敏捷性环境

能力/要求——团队能力和要求是由产品名册确定的，团队成员不会同时承担其他产品的开发或参加其他团队。

自发组织——团队是在敏捷思维和广泛合作意识指导下运行的。

8. 特别关注部分：职业发展管理

企业认可并登记每个人的知识储备、工作经验和能力素质，这些都是项目获得成功的因素。大型和重要项目的项目经理应当具备足够的项目管理知识。项目经理应当告知团队成员其在项目计划部分需承担的责任。企业期望项目团队中的每个人都知晓如何运用企业项目管理过程中的基本要素（三个限制因素）。除此之外，企业已着手开展项目有关责任的具体划分。

个人项目管理知识——负责大型项目的项目经理应该遵循明确程序，满足三个限制因素（规模、日程和成本），记录并跟踪上述要素。项目团队成员应当了解自己担任的角色，满足三个限制因素。比如，团队成员推动开展规模论证、明确日程安排，以及预估完成相关安排的时间要求。项目相关人员应当指导如何定义及跟踪三个限制因素。

大型和重要项目的项目经理应当具备相关能力，提出并管理完整的项目计划方案。项目团队成员有能力确定项目相关领域具体内容，如日程安排、预算编制和项目管理方法等。

个人项目管理经验和能力——大型或重要项目的项目经理应当具备以往成功完成某项目的经验，能很好地控制产品、管理三个限制因素和获得积极的用户评价。项目团队成员最好也具备以往参与其他项目的经验。团队成员个人既具备相应工作能力，又能通过团队协作及时交付高质量的成果。

多数项目经理曾在以往其他项目中担任项目经理的角色，而且有成功满足三个限制因素、圆满完成项目的经历。某些项目团队成员会在项目相关的某些特定领域展现出长处，比如计划、日程、评估或方法应用领域。

项目管理开发的企业举措——企业认可明确的项目管理过程需要，为大型或重要项目相关项目经理和团队成员提供培训，让他们学习如何更好地应用这些明确的过程。此外，企业还建立了一套系统，对成功完成大型项目的个人和团队进行表彰和补偿。

企业项目管理基础课程面向所有项目相关人员，企业也会鼓励上述人员积极参加本课程，以对项目管理理念和应用方法有一个基本了解。企业也开始为项目团队成员明确具体的职责，并认识到要完成这些职责需要开展不同的培训、补偿和鼓励计划。

自适应/敏捷性环境——企业支持关键性、战略性团队人员参加职业发展活动，获取项目经理认证。

四、第三级：组织标准和制度化流程

多数项目遵循企业已经成形的资源管理过程。外部利益相关者和用户也被视为项目团队不可或缺的一部分。职业开发计划包括项目管理事业路径。

1. 资源管理计划

正式分析工作可以明确企业、技术和人际接口。对获取所需资源产生阻碍的因素进行分析，并提出相应的应对措施。所有项目工作人员的职责都有相关规定。

项目工作会明确相关活动和安排所需的特定实物资源。多数项目遵循标准化的实物资源评估和获取流程。资源计划是企业化变更管理的一部分，目标是满足赞助方的要求以及应对一些临时情况。

2. 资源评估

工作分解结构是明确项目各项活动的基础，该信息可用来确定所需资源的内容。

对资源来说，计划过程完全是在企业内部展开的。统计资料是在计划各过程均需留存的，同时记录了明确资源需求的相关标准。多数项目团队使用资源评估行业标准方法。

项目资源需求会上传至项目管理办公室资源库中。相关参数得到收集和分析后，项目所需资源类型会得到明确，影响确定和管理企业效率的相关资源也会得到明确。

3. 资源获取

项目经理与项目管理办公室和部门经理合作，明确资源库内容优先级，并做好日常管理。项目经理可能需要与部门经理协商，以获取所需资源或者重新安排某些团队成员。有的情况下，项目经理可能需要在企业外部寻找特殊人才的加入。

所有项目均遵循实物资源获取标准化采购流程。

4. 团队发展

管理是贯穿团队支持过程的。每个完全集成的项目团队都包括商务部门、技术小组、必要的战略小组、客户和其他利益相关者的意见。

项目经理推动营造一种合作的、有利于解决问题的环境。项目经理打造的是公开交流、相互信任的团队工作氛围。

5. 团队管理

团队成员个人评价可能会由同事负责。冲突管理过程会在多数项目中得到应用。相关方面的意见会得到收集并纳入项目计划和执行中。项目经理会施加影响，做好矩阵化人力资源管理工作。

6. 资源控制

对各项目来说，团队针对项目需求合理使用和发放实物资源。实物资源管理计划对每个项目来说都不可缺少。该计划包括资源类型、数量、位置、内部或外部来源等内容。这样可以监控计划和实际资源使用之间的偏差。

7. 自适应/敏捷性环境

能力/要求——企业了解和管理敏捷团队及其隶属人员的能力和需求。

自发组织——团队是自发组织的，在团队内部和团队之间开展合作。

8. 特别关注部分：职业发展管理

企业拥有明确的项目管理过程，所有项目经理都应遵循该过程计划和管理各自项目。企业也针对相关项目划分了具体职责，鼓励每个人都能认真分析自己当前项目管理知识经验和项目要求之间的差距，以明确各自特定的发展需求。

个人项目管理知识——项目经理应当具备充足的项目计划和跟踪知识，必须遵循企业制定的明确的涉及各方面工作的项目管理方法。除此之外，企业还鼓励项目经理参加各类职业项目管理协会，参加学习培训，考取管理领域相关证书和学位。团队成员如对项目管理领域感兴趣，也可以在自己感兴趣的领域进一步深造，提高自身知识能力。

个人项目管理经验和能力——企业对项目经理做出的评价是基于项目完

成情况的（满足三个限制因素的能力、用户满意度和团队成员满意度），某些特定方面的能力对提高工作效率来说至关重要。

项目团队成员积极完成企业规定的工作职责，达成绩效评估标准，展现个人在所在领域的能力素质。定期开展用户满意度调查，以评估项目经理的能力和工作成效。相关信息会成为能力和表现相关补偿的依据。

项目管理开发的企业举措——企业坚持认为所有内部项目利益相关者需要参加项目管理基础课程，了解项目管理基本知识，明确管理人员和项目赞助方等各方的具体角色和职责。企业也面向项目经理开设一系列课程，帮助其提高职业管理技能，同时面向项目团队各专业领域开设相关提高课程。

企业认为，高效的项目管理是项目成功的基石，企业有责任提供与项目相关的职业发展路径，为项目成功营造良好环境。面向项目经理及其以下层级的人员，企业已经明确了不同职责以及有关补偿、培训和鼓励计划。这些人员包括项目控制人员、项目计划人员、项目日程安排人员、项目评估人员和项目管理支持人员。对项目相关学科领域感兴趣的个人可以进行差距分析，然后制订个人发展计划，不断学习所需知识和技能。

自适应/敏捷性环境——企业负责内部各项目产品开发人和项目经理的职业发展问题。上述人员要求获得相关合格认证。

五、第四级：管理流程

资源评估可用来开展项目计划和统筹。项目团队绩效表现出的评估和融合是体现在事业发展计划中的。

1. 资源管理计划

资源管理计划是纳入资源库管理和统筹方案的，是为了更好地处理企业内行政、技术和人力方面的问题。资源管理计划的一些限制因素会得到管控。有关各方履行各自在人事计划中规定的职责。整合决策（评估决策对项目和企业所产生的影响），成体系化。

实物资源获取过程是企业层面考虑的问题，涉及采购和财务过程/系统。

2. 资源评估

全部过程提出以后，都会进行记录，并推广应用。资源需求会定期得到监控，重点关注企业内依赖于其他项目或计划的信息。管理层利用这些信息做出有关项目和具体工作的决策。围绕管理决策相关信息的过程会进行推出、记录和应用。

3. 资源获取

项目管理办公室需具备有效的资源库管理（包括技能储备数据库）和统

筹流程。部门经理和项目经理通过各类过程满足项目资源需求。所有项目都需提交资源差异报告。

4. 团队发展

团队发展过程要求中大型项目团队不断提高和完善。团队成员培训需求明确后，会提交给项目管理办公室和部门经理。项目管理办公室和部门经理会配合团队成员满足其培训需求。团队支持过程启动并应用于多数项目之中。

通信科技的发展可以支持项目团队的虚拟联络。企业可在全球范围内聘请所需的团队，满足项目不断发展的要求。

5. 团队管理

项目经理对评估团队中每个成员的表现掌握很大的话语权。

冲突管理过程适用于各个项目。

管理层积极参与团队各项工作中。有的项目会设立一个理事会，涵盖项目利益相关者代表。项目理事会日常会积极参与项目各项工作（如进度监控、行政管理、计划制订等）。

6. 资源控制

企业要求项目团队在资源使用中聘请第三方进行分析，做好差异弥补工作。

7. 自适应/敏捷性环境

能力/要求——企业在团队绩效表现评估数据基础上针对资源能力和要求做出相关决策。

自发组织——团队成员有责任做好各方面工作，不断提高自身水平，达到自行管理的程度。

8. 特别关注部分：职业发展管理

管理层支持项目相关职业发展路径的融合，一并纳入企业人力资源结构中。管理层依据项目计划和行政管理领域的知识和能力聘用相关人员。

个人项目管理知识——大型项目的项目经理应当具备相应学位、项目管理职业（PMP）认证或其他类似认证，以及其他项目管理知识的证明。鼓励小型或中型项目的经理攻读学位、考取证书或学习其他基础课程，以证明在项目管理方面有坚实的知识基础。项目相关特殊专业领域的团队成员应具备相应教育经历或认证。

个人项目管理经验和能力——项目相关职责能力的评估标准是确定的，个人应当了解针对绩效表现评估和事业发展的相关方案。定期开展用户满意度调查，以确保项目经理和团队成员具备所需能力，能发挥相应作用。上述信息可用来帮助明确绩效表现相关的补偿事宜。

项目管理开发的企业举措——企业积极安排人员和全面的培训课程，提高相关项目工作人员的履职能力，包括日程安排员、项目经理和项目赞助方。

针对有能力和有兴趣担任高于项目经理职务的人，企业会设置额外的项目相关职位。相关人员还可能有意发展成项目管理过程专家、专员、讲师、顾问或计划经理。每个职位的补偿方案是基于相关绩效评估结果制定的。

项目管理路径中，个人基于事业发展得到激励。相关激励因素已被纳入系统，以确保项目圆满完成和使用户感到满意。

自适应/敏捷性环境——企业负责为企业中的敏捷团队成员制定职业发展方案，包括产品经理、产品开发人、项目经理、商业分析师、开发商、测试员和质量保证专员。所有敏捷团队成员均需取得相关认证。

六、第五级：优化的流程

所有项目均应遵循既定的人力资源计划过程。团队会经常性地总结项目进展过程中的经验教训。人力资源管理过程会不断得到改善。

1. 资源管理计划

资源管理计划定期得到评估，持续帮助过程发展得到改进。资源管理能力参数可用来评价项目全生命周期资源应用工作的效益效率。各有关方面的效益效率经评估后，确保其在项目进展全过程中都能得到有效参与。

统筹决策制定（基于对项目所产生影响开展的所有决策评估）是所有项目的必然选项。总结的经验会在企业未来计划中得以体现。

2. 资源评估

资源评估过程可以持续性地完善资源计划方案，以尽早明确资源需求和数量。总结的经验可用来改进资源计划工作。计划过程包括确定在项目执行过程中，哪些额外资源是企业需要优先获取的资源。

资源优先级与管理决策息息相关，可以赋予项目团队明确其资源需求优先级的依据。由此，评估过程会得到推动和发展，相关资料也会得到留存。

3. 资源获取

企业资源需求评估可以促进相关工作的持续改善并提高工作质量。项目经理资源需求依据资源库限制因素和优先级进行评估，以确保资源使用尽可能地高效。资源差异报告可以衡量工作表现的效益效率。企业资源评估正得到应用。资源获取效率工作经验经总结应用后，可以帮助相关工作得到改善。

4. 团队发展

特别是对项目结束阶段的工作来说，一个普遍的问题就是企业是否实现了更好的团队支持。团队支持情况是促进未来项目过程改善的必要信息。团队成员培训需求经评估和确认后,作为能产生价值的投资行为加以实施。

5. 团队管理

分析如何促进团队协作,从而更高效地开展工作,总结相关经验后,会将其应用于过程改善。项目冲突管理过程是整合于整个企业管理系统中的,会收集效益和效率评估信息。团队满意度也会得到评估。企业鼓励项目经理参加领导力培训。

6. 资源控制

有效资源控制的相关经验可用于促进相关过程的实施。

7. 自适应/敏捷性环境

能力/要求——企业依据相关经验和表现评估,持续完善资源能力和要求。

自发组织——团队已取得很好的表现(团队各成员团队意识很强,由最匹配的人组成了团队,工作高效,成员之间建立了信任关系,且能遵循高效过程,持续不断地交付一定数量的高质量软件,其工作成果反映出团队在能力和支持影响方面一直以来的优异表现)。

8. 特别关注部分:职业发展管理

工作完善流程得到应用。定期对总结的经验进行复盘,并加以应用,以改善相关过程。项目被赋予高价值。重要项目相关参与人员持续且积极地参与各类活动。企业和财务的良好表现与项目进展有直接联系。相关人员为项目成功完成做出了不同贡献。

个人项目管理知识——项目工作人员应当不断夯实和拓展项目管理相关知识。总结的经验教训可用来改进监督与控制工作。所有与项目相关的高级人员需具备相应专业领域的认证或学位证书,可为项目中其他人员事业发展路径提供指导和咨询。除高级工作人员外,项目其他人员应积极遵循各自与项目有关的事业发展道路。评估个人项目管理知识的工作经验可用来改进相关工作。

个人项目管理经验和能力——企业制订计划,以帮助工作人员持续提高相关个人能力,更好地掌握项目管理相关经验,更好地完善个人能力。从中吸取经验教训,并用于改进监督和控制工作。所有与项目相关的高级人员均具备成熟专业素养,拥有多年各自专业领域的成功工作经验。

项目管理开发的企业举措——企业会持续改进管理能力,不断拓展项目管理职业发展道路和机遇。总结的经验可用来改进监督和控制工作。企业支持并提供经费,鼓励项目经理和团队成员参加相关认证课程,比如,企业会要求所有项目经理都通过项目管理职业认证。企业期望工作人员将项目管理视为其职业，完成所需的企业培训课程。

与项目相关的高级人员代表出席或参与行政会议，并帮助企业确定战略发展方向。获取关于项目人员开发、人员流动以及他们在成功项目中的角色的经验教训，并用于改进过程。

自适应/敏捷性环境——针对敏捷团队，企业依据团队和个人绩效表现评估数据，参照行业最佳实践，持续性地审视并拓展职业发展机遇。

第九章
项目沟通管理

沟通管理的总体目的是监督和控制项目数据从收集、分类、分发、利用到决策的过程。

在自适应/敏捷性环境中,沟通的重点是简单、直接和面对面的对话。"敏捷宣言"强调沟通,重视工作软件而不是全面的文档。虽然文档有价值,但工作实用更重要。

一、项目沟通管理组成部分

1. 沟通管理规划

沟通管理规划的目的是确定所有与项目相关的利益相关者对信息和信息沟通的需求:谁需要什么——何时、何地以及如何需要?

沟通规划不是项目结束时产品周转的一部分。

2. 沟通管理

沟通管理包括向与项目相关的利益相关者提供信息的方法或手段,包括信息检索和分发系统。

3. 沟通监控

这种类型的控制应用于在项目执行和控制期间收集和分发的所有信息,包括状态报告、进度分析与预测,这些都是从项目集成过程中收到的项目报告中整理和分析出来的。

4. 自适应/敏捷性环境

沟通——敏捷沟通管理在几个关键方面不同于传统的项目沟通。敏捷团队重视面对面的交流,认为这是传递信息的最佳方式。工艺要刻意简单,并且只包含必要的信息。在最后评审中,敏捷团队应用"示范而不是告知概念",定期展示从工作软件(或其他产品工艺)到交流进度的所有内容。开会尽可能快,并且只包括对会议有价值并能从会议中受益的人,会议的目的是提高而不是降低工作效率。

二、第一级：初始流程

管理层利用一种特别的沟通过程，在此过程中非正式地报告项目状态。

1. 沟通管理规划

目前还没有关于沟通管理规划的既定标准。项目经理可以在需要时向管理层提交状态报告。

2. 沟通管理

沟通以一种特别的方式进行管理，通常是对项目经理提出的具体要求或对项目问题进行回应。

3. 沟通监控

关于问题和项目状态的非正式报告可以从项目经理处获得。执行情况报告是临时处理的，可以在会议上讨论。

4. 自适应/敏捷性环境

沟通——沟通是临时的。

三、第二级：结构化流程与标准

建立了基本的沟通管理流程。定期发布项目状态和进度报告，并就项目的各个阶段以及项目完成的活动通知利益相关者。大型、高度可视化的项目遵循如何开展沟通管理的相关程序和文档细节。管理层理解定期开展项目沟通活动的必要性，这是确保组织开展决策过程的必要信息输入。沟通的重点是关于三个限制因素（规模、日程、成本）的总结状态和进度报告。

在这一级别，大型、高度可视化的项目需要进行以下活动，其他项目也鼓励进行以下活动：

（1）应用详细的沟通管理流程，包括分析沟通需求和技术参数。

（2）明确用于信息交流的沟通工具。

（3）项目交付成果获得客户正式验收确认。

（4）沟通管理过程有完整且可重复的文档资料。沟通模板易于访问，并集成了其他项目规划要素。

（5）管理层重视沟通管理的产出，需要利用项目管理工具和技术来沟通项目结果，并受三个限制因素约束。

1. 沟通管理规划

管理层鼓励大型、高度可视化的项目管理人员在整个预期的项目生命周期中定期提供总结报告。沟通需求是通过将所需信息的类型和格式与该信息的价值分析相结合来定义的。

为所有大型、高度可视化的项目制订沟通管理计划，并鼓励所有项目使用这种计划。

沟通管理计划确定并描述了项目从开始到结束的所有沟通需求，包括项目结束时为总结经验教训而进行的项目后审议。相关的沟通技术因素也要进行分析，包括信息需求的即时性、技术的可用性、预期的项目人员配备、项目的长度和项目风险。

在项目结束时为运行模式过渡创建单独的沟通计划。

2. 沟通管理

信息通过电子媒介或拷贝文件分发。基本的检索和分发流程已经到位。建立有效的团队间沟通，检索实际项目数据。项目涉众被引导到一个特定的共享站点，在那里可以检索所需的项目信息。项目经理负责确保及时检索项目信息，并确保项目涉众获得他们需要的信息。

3. 沟通监控

在项目的整个生命周期中，会定期生成三种类型的总结报告，包括状态报告、进度报告和阶段总结报告。这些报告跟踪计划项目各个节点的完成情况。

项目已经启动并开始收集实际数据。

三份综合报告（状态报告、进度报告和阶段总结报告）详细说明项目活动的时间和/或成本，并指出在项目活动上花费了多少时间，在技术绩效上花费了多少时间。

在项目的整个生命周期中，可以在项目时间轴上定期生成状态报告、进度报告和阶段总结报告等三种类型的报告。这些报告跟踪计划项目的各个节点实现情况。

项目一经启动即可收集实际数据。三份综合报告（状态报告、进度报告和阶段总结报告）包含以下信息：在项目活动上已经花费了多少时间或资金，在项目活动上所花时间占总时间的比例，以及项目的技术性能。

有文件化的问题管理流程，在此流程中，问题被收集、记录、管理并得出结论。管理层希望以通知或升级的形式参与解决大型、高度可视化的项目的问题，并致力于其他项目。

这些流程通常伴随着大型、高度可视化的项目，但并非强制执行。

正式的验收文件用于客户确认项目交付成果已被验收。在项目结束时，有一个正式的签字。

4. 自适应/敏捷性环境

沟通——沟通只存在于敏捷团队内部（业务分析、开发、测试等）。

四、第三级：组织标准和制度化流程

沟通管理过程已经制度化，预计大多数项目都有正式的沟通管理计划。管理层积极参与项目绩效审查，关键管理层负责批准影响三个限制因素的所有变更。

1. 沟通管理规划

在项目管理计划制订过程中，定期制订沟通计划。

大型的多文化、跨国公司经常使用沟通模型来制订沟通计划。

沟通计划主要为运营转型而确立，并作为组织变革管理计划的一部分。

效益实现跟踪报告是效益实现管理的一部分。

2. 沟通管理

正式的信息检索系统允许项目利益相关者从存储库中检索信息。正式的信息分发系统通过访问数据库来分发关于项目会议和其他活动的信息。

项目经理定期确认利益相关者对信息传播的满意度。

3. 沟通监控

绩效报告，包括各类图表，如S曲线（表明资金和工作时间是如何使用的）、直方图及表格，还附带项目状态与项目进度的叙述性报告，可以进行非正式的方差和趋势分析，将实际项目结果与计划项目结果进行比较。进行趋势分析是为了估计预算和进度，从而完成统计数据。

该级别的分析是非正式的，因为评估值与实际值并非源自与公司其他系统结合进行的综合分析。问题通常在定期的全团队会议上讨论解决，管理人员参与项目计划变更的确定、分析和批准（或拒绝）。评估项目状态或进度时要进行绩效审查。

项目报告存档以备将来参考。

从利益相关者处收集的反馈信息会触发计划沟通管理流程小组的进一步迭代。

4. 自适应/敏捷性环境

沟通——沟通和反馈循环回路在敏捷团队涉及的所有功能中均开启（F2F、进度板、协作工具）。

五、第四级：管理流程

所有项目都规定了沟通管理计划。沟通管理计划被整合到企业的沟通机制中。

1. 沟通管理规划

有一种方法可随着项目的进展而更新和完善沟通管理计划,并将其纳入企业信息系统。

考虑将社交网络纳入项目管理框架的沟通基础设施中。

2. 沟通管理

项目管理信息系统是一个基于数据库结构和查询流程的检索与归档系统。信息分发系统包括多种格式的信息分发和多种媒体的分发。项目管理层确保利益相关者对信息发布系统的访问和满意度。

3. 沟通监控

所有的项目都需要获取绩效度量(例如盈利额),以确保管理层理解并能够分析项目绩效。对项目进行正规的方差分析和趋势分析。

4. 自适应/敏捷性环境

沟通——利用内部和外部的反馈作为改善沟通的绩效指标。

六、第五级:优化的流程

有一个持续改进项目沟通管理的流程。获取经验教训,纳入改进计划,并记录到可重复的过程中。管理层积极参与项目审查并巩固流程。职能管理者了解、支持并参与项目沟通,并利用这些信息评估项目对职能运行的影响。效率和效能指标被合并到项目中,并用于项目进展增加值数据的交流。

1. 沟通管理规划

沟通管理规划文件将取得的经验教训用于分析增加值的影响。沟通管理规划与组织管理规划紧密相连。

2. 沟通管理

每个项目的全部文件都可在行政闭门会议和经验教训总结会期间进行审查。项目利益相关者已获知要及时访问所有必需的项目相关信息。收集关于有效信息检索和分发的经验教训,以支持持续改进质量。

3. 沟通监控

绩效指标用于定义项目的效率和效能指标。这些措施包括利益相关者对沟通过程的满意度。

分析所获得的经验教训,并将结果反馈到流程中,以便持续改进和在将来作为参考。

4. 自适应/敏捷性环境

沟通——通过吸取经验教训和强化绩效措施不断改进沟通管理流程。

第十章
项目风险管理

风险管理的总体目标是确认、分析、应对以及监控项目全生命周期中产生的各类风险因素。风险管理要求了解风险事件具体情况，合理评估风险事件对项目的影响，制定最佳应对方法，提出并落实风险管理方案，监管整个风险管理过程。风险管理同时还可能面对未知机遇，需要制定相关策略，以更好地把握机遇。

在自适应/敏捷性环境中，对增量产品开展经常性检查，发挥交叉功能项目团队作用，加快知识分享速度，确保风险可知可控。选择迭代过程时要考虑风险因素，同时要明确、分析和管理这些因素。风险管理包含两个领域：开发/技术风险以及财务、商务、运营、过程和企业风险的"把控"；在迭代（加速）计划、日常维持、计划发布、复盘和演示环节中针对潜在风险开展的经常性"检查"。

一、项目风险管理组成部分

1. 风险管理计划

风险管理计划用来确定如何开展各项风险管理活动，厘清制订风险管理计划的作用和步骤。

2. 风险查证

风险查证过程包括确认哪些风险因素有可能对项目产生影响，记录每个因素的特征。该过程主要目的是生成潜在风险事件和诱因清单。

3. 风险定性分析

风险定性分析包含基于分析进行风险因素重要性划分。风险定性分析要考虑哪些风险因素有可能发生、其影响程度如何以及应采取哪些风险抵御手段。

4. 风险定量分析

风险定量分析是指评估风险及其潜在后果。风险定量分析包括检查所有已查证的风险因素，确定风险因素与项目的关系及其对项目的影响，计算风险可能发生的概率；明确应该应对哪些风险，以及评估项目最终完成度。风险定量分析主要是生成一份划分不同重要性的量化风险事件清单。

5. 风险应对计划

风险应对计划明确了管理确定风险的步骤。该计划涉及如何采取最佳方式应对风险，如何制定应急预案，如何准备应急物资，以及如何签署应急协议以遏制风险蔓延。计划策略的制定是为了避免、转移、减轻或消化风险。风险应对包括风险管理计划的制订、项目储备物资的管理和风险缓解策略的制定。

6. 风险应对措施落实

风险应对措施落实包括风险应对计划措施的执行。这些措施是在风险应对计划制订过程中由各方达成的，要确保措施按照计划得到贯彻落实。

7. 风险监控

显而易见，风险监控就是为了控制风险，制定解决风险的方案，并制定具体的行动方案。风险监控的第一步是明确风险点。风险管理计划和各种流程是控制风险的依据所在。风险监控最终生成风险登记表、应对行动开展情况报告和更新后的风险管理计划。

8. 自适应/敏捷性环境：把控和检查

把控——风险共担意味着要信任团队中每个成员的能力，尊重每个成员的想法，整个团队团结一致迎接风险挑战，而不是互相推诿。只有营造一种风险共担的文化氛围，应用合适的风险管理工具，才能最终取得成功。

检查——迭代产品抽检、迭代产品复盘和产品开发方的参与可以提供及时的产品反馈，帮助实现产品的开发意图，防止最终产品出现偏差。项目团队使用现有的敏捷手段和会议管理风险。各团队不会贸然开展风险应对措施，因为团队成员需尽可能地掌握项目进展情况，尽可能了解更有可能发生问题的地方。

二、第一级：初始流程

企业能认识到风险管理的必要性，但尚未形成固定的实践方案或标准。相关资料较少，分析研究结果也较匮乏。风险应对属于被动型，而非计划和主动型。

1. 风险管理计划

无风险管理计划。风险管理仅是就事论事、一事一处理型的。项目流程或项目目标介绍可能是涉及潜在风险的唯一文件。项目团队不会考虑未影响利益的风险。出现机遇而未把握住带来的机遇成本也不在考虑范围内。

2. 风险查证

并不开展日常风险查证。尽管如此，团队成员会将值得关注的一些事项上报至管理层或其他有关方面，特别是在风险已经发生急需解决（而非未来可能发生的风险）的时候。为了帮助查证风险，项目经理通常会依据项目范围说明书和工作分解结构，详细阐述几个关键节点以及可能的最终成果。项目经理也会制定一个高级别的重要进度时间表。项目范围和重要时间节点涉及的风险因素只会在特定场合进行讨论。

3. 风险定性分析

如果风险能得到查证，项目经理会考虑风险发生给项目带来的影响。一般来说，都是临时推测，并非建立在分析、计划或标准过程的基础上。

4. 风险定量分析

针对已查证风险采取的定量分析没有或者很少。一般来说，推测并非建立在分析、预估或标准基础上。

5. 风险应对计划

大部分情况下，风险何时出现，何时才能得到解决。团队很少制定风险缓解策略，很少制定预防未来风险事件的应急方案。并非所有风险都指派明确的负责人进行处理。

6. 风险应对措施落实

项目团队不会经常性地针对已知风险落实风险应对计划措施。

7. 风险监控

风险发生时，项目团队会开展更多的日常应对措施。团队会派人24小时值班做好问题处置工作，但团队并没有风险管理计划和补充的风险应对策略。没有典型风险因素应对历史资料，也没有相关经验总结。团队成员依靠的是其个人过往经验和项目团队讨论后制定的措施。

8. 自适应/敏捷性环境：把控和检查

把控——没有财务、商务、技术、运营、过程和企业风险把控。

检查——特殊时机会有经常性的检查（迭代计划、日常维持、评估和复盘），对风险管理方面工作不够重视。

三、第二级：结构化流程与标准

风险管理过程的执行和数据统计可在任何领域得到应用，但是一般情况下，只有大型项目才会全程应用。项目团队成员既了解宏观层面的风险，又掌握细微之处的风险因素。大部分项目应当制定应对风险的相关策略。团队利用结构化方式对风险影响进行量化，确定风险的重要性。大型或重要项目中，风险管理工作要经常性开展，因为这些项目中的风险因素对整个项目发展会产生重要且关键的影响。风险管理推荐在所有项目中使用。各类数据统计过程也要重复进行。每个项目都要开展风险检查和控制。

1. 风险管理计划

风险管理计划的制订是项目管理过程的重要环节。风险管理计划会明确如何确定和管理项目风险的若干规则。大部分大型和重要项目都会制订并落实这类计划。大型项目中的风险计划包括评估过程和计算实现某项收益的可能概率。

2. 风险查证

企业会利用统计资料确定项目存在的风险因素。所有项目都应开展类似工作，但对于大型或重要项目来说，风险查证工作应成为标准化流程。

项目人员要增强意识，认真开展相关工作，查证所有项目存在的风险因素（要尽可能详细地描述风险情况，既包括短期风险，也包括长期风险）。项目关键参与方的意见和建议也应纳入风险情况的讨论中。

为了更好地确定风险因素，项目团队通常会做好范围陈述说明和工作分解的准备，至少做到第三级程度；同时，项目团队还需制定非常详细的项目日程安排和完整的项目预算评估方案；此外，团队还需仔细分析采购管理计划和人事管理计划，以更好地确定风险因素。风险讨论一般会针对项目范围、日程安排和成本风险展开。高级别风险相关情况会写入项目管理计划中。项目团队也会依据专家意见和行业经验开展风险确证工作。

对大型和复杂项目来说，明确后的风险因素会被记录，便于以后更好地对其开展监控工作。

3. 风险定性分析

标准方法会有明确文件描述，用以评估风险发生的可能性及其影响。一般来说，风险会被划分为低、中、高几个等级并作详细描述。

4. 风险定量分析

文件记录中包括一个标准化的方法，确保对风险因素进行持续性评估。方法包括确定风险等级，分为低、中、高三个级别，以及通过简单概率和价值计算，确定风险可能对财务产生的影响。项目团队会尝试应用更多的客观性手段量化风险的潜在影响。每个项目都要对风险因素进行评估。

5. 风险应对计划

项目团队制订的风险管理计划描述了管理风险的标准流程。风险管理计划会被纳入整个项目管理计划中通盘考虑。项目团队可能会提出一些非正式策略，以应对未来风险事件，成员之间也会对上述策略进行讨论。大型或重要项目包括应急预案，以处理紧急风险，其中包含的风险缓解策略适用于所有相关领域。

通常会明确处理某些特定风险的负责方。

对一些负面威胁因素来说，风险应对均遵循以下五个策略中的一个：升级、避免、转移、减轻和消化。利用风险带来的机遇，可以采用以下五种策略中的一个：升级、利用、共享、提高和采纳。

6. 风险应对措施落实

通常来讲，风险应对措施仅在大型和重要项目中得到实施。风险应对任务会整合进项目日程安排中。

7. 风险监控

风险处理方负责监管风险应对情况，并做好相关报告。一般来说，项目团队会明确每个风险因素的责任方。

风险监控过程相关资料要进行留存，及时向项目关键方报告风险态势。

项目团队应用各自方式对风险进行管理和控制。风险监控过程可能包括风险统计，对风险要素、责任人、潜在影响、发生概率、缓解策略和发展态势进行说明。该过程包括历史数据库的建立，以收集相关风险信息，比如类似项目的典型风险因素等。

8. 自适应/敏捷性环境：把控和检查

把控——把控的关注点只在技术风险方面。

检查——经常进行检查，但并非关注风险管理方面。

四、第三级：组织标准和制度化流程

风险管理过程是企业标准的一部分，应用于大部分项目之中。相关流程会进行拓展，包括确证风险的有效手段。

风险控制系统已被提出并建立。各系统之间融合度更高；风险信息和态势提供给项目集成过程。各类参数都可以用来支持风险管理过程，帮助各类流程和标准制度化。风险得到检查和控制。

1. 风险管理计划

标准的风险管理计划提出后,可以在所有项目中经常应用。每个项目都遵循一套标准过程和模板,查证、评估和管理风险。风险管理计划应成为项目管理的应有之义。该计划可以详细描述项目风险如何进行查证、监督和控制。

风险管理计划包括以下要素中的大部分内容:风险策略、方法(管理手段)、角色和职责、资金来源、时间节点、风险分解结构(Risk Breakdown Structure,RBS)、相关方风险偏好、风险概率和影响定义、概率和影响矩阵、风险报告报表以及明确的风险跟踪方式。风险管理计划会在项目发展过程中按事先计划好的关键节点实施,不断补充新的信息。

风险评估和项目收益实现的概率是所有项目均应完成的计算工作。

对所有项目来说,在领域变更准备和企业能力方面,尤其需要具备风险计划。

2. 风险查证

企业已经并在日常持续遵循规定的、可重复的过程,以查证项目风险。相关规定囊括了风险事件查证的过程和标准,描述了团队查证风险使用的相关工具(如数据分析、问题清单和自动化表格等)。团队查证的风险特征(风险引发因素)会被纳入历史数据库。

团队成员会有意识地开展项目风险和活动风险查证工作(相关项目之间的交互关系)。

风险讨论会考虑类似项目的做法、行业经验和关键方的意见建议。风险信息和指征会进行固化和整合。

风险查证过程在项目全生命周期中会以增量化的方式进行。

正式的标准化的风险统计完成以后,可以做好已查证风险因素的资料留存。

3. 风险定性分析

风险分析过程经拓展后可以涵盖更为先进的流程,更好地对风险实施定性评估,包括项目潜在影响的单一事件参考。

该过程是全程记录并可重复的。风险根据现象描述而非数学计算结果确定重要等级。风险评估的目的是检查评估缺陷,并提出相应整改措施。

4. 风险定量分析

风险定量分析过程使用高级流程对风险进行定量分析,包括采用多重标准确定风险因素的重要等级。该过程所有步骤都会得到记录,并可重复进行。高级流程可能包括各种方法论,如范畴预测、利用模拟工具和决策树开展的最优计算以及加权平均计算等。风险依据多方面因素进行重要等级确定，如预期价值、重要性、时间节点和风险类型等。项目/活动或企业风险也会得到评估。

5. 风险应对计划

对各项目来说，确定哪些风险应对措施应该得到记录和使用，这是风险应对计划标准过程的内容。风险应对开发过程包括提出风险管理计划各类模板。项目团队通常建立了应急预案，以应对临时突发风险，并为每个风险因素制定相应的风险缓解策略。企业有能力调拨项目储备资源落实应急策略和风险缓解策略相关要求。

风险应对措施所带来的紧急或次生风险也会相应得到查证和计划。

6. 风险应对措施落实

企业标准规定，要对明确的风险采取应对措施。应对措施的落实可能会导致项目范围、时间表和成本的变化，带来一些需求的变化。

7. 风险监控

风险管理和控制过程是具备自身特点的。项目风险在平时会得到积极跟踪，发现问题及时采取整改措施。所有风险管理计划都会随着风险事件的发生和环境条件的变化而进行更新。

8. 自适应/敏捷环境：把控和检查

把控——把控环节的聚焦点是财务、商务、技术、运营、过程和企业风险。

检查——风险会接受频繁检查，并在检查记录中得到明确描述。

五、第四级：管理流程

大部分项目都会应用之前有资料记录的过程。管理层积极参与企业风险管理工作。风险系统与时间系统、成本系统和资源系统完全整合。工作人员必须遵守企业风险管理过程和流程相关要求。

1. 风险管理计划

风险管理对所有项目都很有必要。风险管理具体细节要根据项目规模和类型确定，同时还要考虑企业环境。

专家意见和项目档案资料会用来制订风险管理计划。

单个风险管理计划会整合进活动和联合项目风险计划中。

2. 风险查证

所有记录过程都会得到应用。风险查证过程完全纳入成本管理和时间管理过程，纳入项目管理办公室工作考虑范围内。对于单个项目来说，项目内部风险和相关活动或联合项目集成风险需要相关人员积极进行查证。换而言之，风险由企业、项目或活动相关人员共同进行查证。

3. 风险定性分析

所有记录过程都会得到应用。风险定性分析包括潜在影响信息，如风险对成本管理、时间管理、财务和会计系统以及策略计划过程的影响。风险对项目的影响和对企业的潜在影响会得到评估。

4. 风险定量分析

所有记录过程正在得到应用。风险定量分析过程被完全整合入成本管理、日程管理、财务和会计系统、策略计划以及项目管理办公室工作中。风险量化工作考虑其他项目和企业其他部门有可能带来的风险。风险对项目的影响和对企业的潜在影响会得到评估。

企业建立了相关标准，用以衡量其风险管理活动的效果。风险模型和风险模型软件通常在战略级或复杂项目中使用。

5. 风险应对计划

所有记录过程都会得到应用。风险应对开发过程被完全整合进成本管理、时间管理、财务和会计系统、策略计划过程和项目管理办公室工作中。

6. 风险应对措施落实

风险处理结果会被完全纳入成本管理、日程管理、财务和会计系统以及策略计划过程中。

7. 风险监控

所有过程均被记录和使用。风险监控系统被整合进企业其他控制系统、监控系统以及成本和时间管理活动中。企业收集常见风险因素和风险诱发因素等历史信息，在历史数据库中做好信息统计。

8. 自适应/敏捷性环境：把控和检查

把控——把控行为是显而易见的，并在多个独立敏捷团队中进行管理。
检查——企业使用团队能力评估数据改善风险管理工作。

六、第五级：优化的流程

改进过程可用来确保各项目按照价值能力标准得到持续评估和管理。总结的经验会定期进行复盘，用来改进记录过程。项目管理需考虑历史上类似项目的表现。

1. 风险管理计划

价值实现和工作改进是制订风险管理计划时重点考虑的因素。风险管理计划包括衡量风险管理派生价值的相关标准。

2. 风险查证

风险管理计划过程可以持续帮助改进风险查证效果，可以尽早完全确定各类风险因素。

总结的经验得到应用，以改进风险查证活动效果。风险查证包括为项目明确企业优先关注点。优先级的确定与管理决策息息相关，可以给予项目团队设立其重要风险关注点的能力。

3. 风险定性分析

风险定性分析可以持续改善风险应对开发过程，完善风险管理计划。

总结的经验可用来完善风险查证相关策略。

4. 风险定量分析

风险定量分析过程可以持续改进风险应对措施和风险管理计划。总结的经验可以用来改进风险查证和处理工作。项目储备资源的使用可以决定项目的效益和效率。对项目储备资源使用情况的跟踪掌握可以为项目行政决策提供支持。

5. 风险应对计划

对项目储备资源使用情况的跟踪掌握可以为项目行政决策提供支持。项目储备资源的使用可以决定项目的效益和效率。总结的经验可以用来改进项目风险/机遇查证策略办法。

6. 风险应对措施落实

如其他项目管理过程一样，总结的经验经整理后，可以用来改进风险应对活动。

7. 风险监控

风险监控过程可以持续改进风险控制效果。利用风险评估数据和当前风险态势数据的记录过程可以帮助制定项目行政管理决策。总结的经验可以用来改进风险监控工作。风险评估有助于项目效益和效率工作决策。

8. 自适应/敏捷性环境：把控和检查

把控——企业会利用以往经验和能力评估数据持续改进风险管理工作。

检查——企业会利用以往经验和能力评估数据持续改进风险检查工作。

第十一章
采购和供应商管理

采购和供应商管理属于项目经理和/或项目团队为获取支持项目所需的商品和服务而采用的流程和行动。它们还包括在整个履约期间管理合同和完成合同后终止合同所涉及的相关活动。

采购管理涉及所有采购、采办和合同的规划。采购规划的所有流程和行动必须符合组织总体结构和政策的约束。通常,该流程涉及与外部供应商签订合同,以便及时、适量地在规定的质量标准内获取商品和服务。事实上,"签约"和"采购"两个术语经常互换使用。

外包已成为组织生活中一个日益常见的特征,与此同时,与供应商管理相关的技能和流程也变得日益复杂。

在自适应/敏捷性环境中,可以将特定卖家纳入团队。这种协作关系可以产生一种共担风险的采购模式,其中买方和卖方共同分担与项目相关的风险和收益。"敏捷宣言"强调"客户协作而不是合同谈判"。强调客户协作而非合同谈判并不意味着相关项目没有合同。合同和谈判对商业关系至关重要。然而,"敏捷宣言"提出了一个观点,即买方和卖方应该共同合作创造产品,并且两者之间的关系比争论统一化的细节和检查最终不一定对客户有价值的合同条款更重要。

一、采购和供应商管理的组成部分

1. 采购管理规划

采购管理规划包括决定是采购还是自己生产相关材料、决定如何采购、确定采购条目和数量,以及确定何时采购。如果要在项目团队之外采购商品或服务,相关的书面规范应涵盖所有细节,包括主要里程碑、时间和进度安排、初始成本估算和预算影响。采购管理规划最终会形成一份采购管理方案。

2. 采购的征集和申请

该部分与《项目管理知识体系指南》(PMBOK ® Guide)中的"开展采

购"流程相一致。采购申请在确定需求和与供应商签订合同之间架起了桥梁。合同规划流程包括确定潜在供应商、确定征集类型（口头征集、书面征集、邀请投标、要求提交建议书等）、确定合同类型、编制采购文件等任务。该流程还包括来源选择——寻找合适的供应商并商谈合同。采购申请的其他方面包括征集行业信息、接收标书和建议书、评估收到的信息、商谈合同以及最终确定合同授予。本要素的结果是授予一份或多份合同。

3. 采购控制和供应商管理

该要素涵盖了在项目生命周期内直至项目结束的相关合同管理流程。发展和管理与供应商和承包商的关系是项目成功的主要因素。在相关流程中会出现范围的变化、影响材料或服务采购的市场风险以及其他不确定性因素。项目经理必须检查供应商产品的质量，确保合同变更得到批准和合理沟通，并减轻采购问题可能产生的风险。项目经理也有机会与供应商建立关系，从而使当前项目、未来项目及其整个组织受益。

4. 自适应/敏捷性环境：供应商管理

供应商管理——将供应商纳入团队会给供应商管理带来一定障碍。合同需要保持敏捷性，以便在接受现实挑战的同时实现相关利益。当使用供应商的某种产品作为最终产品的部分或全部补充时，供应商应该被纳入团队中。这意味着供应商作为团队的一员，其产品可以在对团队透明的情况下由其自己进行设置、集成和支持。随着知识从供应商向团队其他成员转移，团队还可以检查并适应潜在产品。供应商需要提供更新情况，以确保团队坚持敏捷框架、协作、评估、透明和信任。

二、第一级：初始流程

组织没有现成的项目采购流程，但认识到拥有明确流程的潜在价值。有些项目经理认识到需要有条不紊地从外部采购商品和服务，但他们的方法是临时的，而且不一致。不仅对合同的管理只停留在最终交付层面，而且没有试图与供应商建立关系。

1. 采购管理规划

采购规划没有公认的做法。项目经理根据里程碑清单和交付成果清单临时确定基本要求和时间安排，并根据需要规划采购商品和服务的方法。

2. 采购的征集和申请

组织没有获取项目材料的具体方法。没有现成的与供应商联系以及进行评估和谈判的相关标准或做法。组织偶尔会考察几家供应商并比较价格。

3. 采购控制和供应商管理

项目合同管理松散。合同中规定了最低报告要求。没有管理变更与风险的流程，也没有与供应商沟通的流程。对供应链问题的反应是被动的。

4. 自适应/敏捷性环境

供应商管理——供应商在签订合同基础上补充到敏捷团队中。

三、第二级：结构化流程与标准

有一个涵盖商品和服务采购的文件流程，但这不是一种标准做法。采购组织通过项目团队、组织管理层和客户的一些输入来推动该流程。采用该采购流程的主要是大型或重要的项目。组织管理层的参与度更高，有来自客户部门的输入。采购涉及项目团队，并利用团队的专业能力和知识。合同管理的详细程度适当，定期报告状态。

1. 采购管理规划

采购流程规定项目经理参与采购商品和/或服务的决策。项目团队制定工作说明/产品描述。该说明有助于定义范围管理流程。范围说明描述了所需的商品和服务。项目经理（以及可能的团队成员）参与是否购买商品和服务的非正式分析，并向项目赞助者提出建议。

自制或购买分析十分依赖于范围说明。项目经理和团队成员向管理层提出建议。如果赞助者决定购买商品或服务，采购小组和项目团队将共同制订采购管理规划，详细说明相关的程序、项目描述、成本、数量、质量要求和交付时间表。

2. 采购的征集和申请

如有必要，通过变更控制流程对范围说明进行审查和变更，把从外部采购商品和服务作为对项目产品的输入。如果决定从外部购买相关商品和服务，采购部门将从供应商处购买相关商品和服务。

通常，采购部门会联系相关供应商并进行价格比较。供应商承诺所提供服务的最终交付日期，并附带重要里程碑。供应商被要求提供详细的时间表和计划。项目质量标准向同时发送给每个供应商，以明确所需商品或服务的质量。

项目经理和采购部门根据既定评估标准参与评估相关的标书和建议书。向行业征求信息、评估供应商信息、谈判合同并最终授予合同的流程得到定义。

3. 采购控制和供应商管理

供应商应向项目经理定期提供状态报告，反映实现关键里程碑的进度。没有明确具体的报告格式或频率。

方案变更可能代表范围变更，在这种情况下，会使用项目集成流程中正常的变更管理流程。

供应商根据合同规定定期（通常每周）进行报告。报告的格式在采购流程中有明确规定，报告频率遵循采购管理方案和合同。

向项目沟通管理流程提供有关工作结果的信息，以用于内部进度报告。

4. 自适应/敏捷性环境

供应商管理——供应商作为合作伙伴参与，并根据其知识、质量和价值对其进行补偿。

四、第三级：组织标准和制度化流程

采购流程成为一种组织标准，被大多数项目采用。采购基于一种明确的项目视角，管理层在做出决策之前会查看其他项目和产品。项目团队和采购部门完全融入采购流程。承包商和供应商要遵守整个组织内标准的适用程序。

1. 采购管理规划

项目团队和采购部门正式就制造或采购进行分析，并向赞助者提出建议。

获取商品或服务的建议和决策会受到组织能力、方法效能、经济因素和其他方面的影响。在最终设计完成之前执行采购流程，会考虑外部商品和服务较长的交付周期。项目团队在最终决定从外部采购时，会对外部商品和服务进行试验评估。

项目经理会根据项目的独特性调整采购管理流程的应用方式。

效益实现管理规划会与采购管理规划相结合。

2. 采购的征集和申请

组织已经制定了快速访问供应商和承包商的流程，而且有首选供应商列表。项目团队关于供应商的建议可纳入该列表。

编制采购文件的流程包括确定工作说明、状态报告和其他常见采购工件的模板。这些文件已纳入项目采购管理方案。

供应商被要求提供详细的方案，包括工作分解结构和符合项目结构的详细活动列表。采购部门和项目团队联合进行采购征集，法律部门提供意见。卖方评级系统和建议书评价标准等技术已得到建立和不断使用。

3. 采购控制和供应商管理

承包商和供应商被要求遵守组织的项目管理流程和标准。所有供应商应及时向项目经理提交报告，以展示各项有序活动的进度。所有变更和问题都会立即传达给项目经理，然后由项目经理将其纳入项目的变更管理流程。

对大型和复杂项目来说，项目团队可以支配合同经理，包括批准出具发票和协商索赔纠纷。

4. 自适应/敏捷性环境

供应商管理——敏捷团队既包含承包商，也包含产品（软件应用、商业流程等）供应商。

五、第四级：管理流程

组织管理层要求所有项目遵守相关采购程序。采购决策是从组织的角度出发的。供应商被整合到组织的项目管理机制中。会对采购实践进行审计，以揭示如何改进采购行动。吸取相关经验教训，并将其用于辅助类似项目的采购管理规划。

1. 采购管理规划

采购决策由项目经理、赞助者、组织管理层和采购部门组成的团队做出。各个领域的可用生产能力、对其他项目的影响、对组织环境其他领域的影响等因素在决策过程中都要被考虑。受项目影响的所有利益相关者都要提供相关投入。风险管理流程与正在生产的外购产品或服务供应商/承包商的相关实践相结合。

2. 采购的征集和申请

项目请购被完全整合到组织的采购流程中。项目的征集和来源选择完全与组织的采购征集流程相结合。因此，组织能够向特定供应商提出大量要求，而且能够利用规模经济。

3. 采购控制和供应商管理

供应商要利用组织的标准项目管理工具和技术，根据其进度或方案报告相关进度。供应商会提供状态报告，然后将其整合到组织内部标准化的状态报告机制中。

4. 自适应/敏捷性环境

供应商管理——供应商和敏捷团队的相关发布是一致的。根据知识、质量和价值对供应商进行衡量。

六、第五级：优化的流程

定期审查采购流程，并吸收相关改进。项目经理和团队确定并支持采购流程的相关改进。在每个项目结束时，对所吸取的经验教训进行收集、评估，将其纳入采购流程，并用于改进相关实践和完善相关记录。管理层积极与能够及时提供高质量产品和服务的首选供应商建立战略联盟。持续的流程改进侧重于采购效率和有效指标。

1. 采购管理规划

定期评估采购规划,并不断进行改进。根据实际成本评估关于预测成本的历史数据,以确定所做决策是否合理,以及未来是否应该重复此类决策。

基于效率和效能指标对所有采购决策进行评估。致力于及时采购以加快采购规划的执行并降低库存成本。

2. 采购的征集和申请

组织有首选合同机制和能够快速响应请购流程的首选供应商列表。定期对采购征集和来源选择进行评估,并对流程进行持续改进。

项目经理和团队在项目结束时对相关供应商进行评估,以确定产品或服务的效能、效率、响应性、及时性和质量。这些评估结果是根据首选供应商列表进行衡量的。

3. 采购控制和供应商管理

根据项目的有效性和效率指标对承包商进行评估。组织与首选供应商建立战略联盟,双方在产品或服务中坚持高性能和高质量标准。

组织要求汇编从大型和重要项目中获得的与采购相关的经验教训,特别是效能和效率(处理采购文件,按照评估标准选择来源,以及处理变更单所需的时长)。绩效数据库会定期收集有关供应商和承包商绩效的信息。

4. 自适应/敏捷性环境

供应商管理——组织通过吸取的经验教训和相关绩效指标不断改进供应商管理。

第十二章
项目利益相关者管理

尽管 2013 年版的《项目管理知识体系指南》才将利益相关者管理作为一个知识领域加入其中，但利益相关者管理一直是项目管理中一个令人熟悉且重要的方面。利益相关者管理被提升为一个知识领域，证实了项目经理们长期以来的理解：管理与项目相关的人员是一个关键的、事关成败的专业领域，无论这些利益相关者是团队成员、供应商、最终用户、高管还是客户。

利益相关者管理包括识别可能影响或受项目影响的个人或团体并与其互动、解决出现的问题以及管理参与或控制期望等相关过程。从"控制期望"到"管理参与"的转变体现了对与项目利益相关者管理相关任务的积极重视。将认识和管理"当前"和"期望"的参与水平作为利益相关者分析的一部分是这一知识领域最重要的内容。

自适应/敏捷性环境需要利益相关者的积极参与。与预测的环境中可能有很多层次的管理层、会议和报告不同，敏捷团队直接与利益相关者接触，以促进及时、高效的讨论和决策。对客户和团队来说，在一个动态的共同创造过程中交换信息是一种最佳做法，可以提高利益相关者的参与度和满意度。这些互动有助于降低风险、建立信任和支持早期调整，从而支持倡议的成功。这些互动可以加速组织内部和整个组织的信息共享，促进积极透明的工作方式。邀请利益相关者参加项目的相关会议和审查或在公共空间张贴项目作品的目的是尽快发现与项目变化相关的偏差、依赖性或其他问题。

一、项目利益相关者管理的组成部分

1. 识别利益相关者

该组成部分包括识别对正在进行的项目活动或已完成项目的相关结果与产品产生影响的个人或群体的过程，还包括分析和记录利益相关者对项目的影响、利益和潜在影响的过程。

2. 利益相关者管理规划

制定在项目整个生命周期内管理利益相关者并使其参与的战略，包括确定关键利益相关者当前和期望的参与水平、确定利益相关者之间的相互关系、确定利益相关者的沟通要求，以及确定如何推动每个利益相关者从当前参与状态达到对项目利益最大化的理想参与水平等相关过程。

3. 管理利益相关者的参与

管理利益相关者的参与涉及与利益相关者沟通并与其合作，以确保其顾虑得到解决、需求得到满足。在出现问题时及时解决问题，特别是与关键利益相关者一起解决问题，可以使项目保持在正轨上。

4. 监督利益相关者的参与

监督利益相关者参与的过程使项目团队可以主动解决问题，并根据需要调整相关计划和策略。

5. 自适应/敏捷性环境：利益相关者的敏捷参与

利益相关者的敏捷参与——敏捷团队与利益相关者直接接触，以促进及时、高效的讨论和做出决策。邀请利益相关者参加项目会议和审查或在公共空间张贴项目作品的目的是尽快发现与项目变化相关的偏差、依赖性或其他问题。

二、第一级：初始流程

项目通过临时的利益相关者管理流程对利益相关者进行非正式管理。

1. 识别利益相关者

尚未制定明确的标准来识别和分析利益相关者及其需求，也没有现成的方案来管理和控制利益相关者的参与和期望。项目经理在需要时向管理层传达项目状态和进度并发布项目报告。

2. 利益相关者管理规划

还没有既定标准来制定管理利益相关者并使其参与相关项目的战略。项目经理在需要时向管理层提供状态和进度报告，但很少或根本没有进行提前规划以满足利益相关者的需求。

3. 管理利益相关者的参与

临时应对利益相关者的需求，通常是应对项目经理接到的关于项目的特定要求或问题。

4. 监督利益相关者的参与

很少监督利益相关者的参与是否令人满意。

5. 自适应/敏捷性环境

利益相关者的敏捷参与——利益相关者根本不参与，他们与敏捷团队几乎没有直接互动。利益相关者不提供赞助，也不了解其正在交付的商品或服务的价值。

三、第二级：结构化流程与标准

建立了基本的项目利益相关者管理流程。大型、重要的项目遵循该流程，并为项目利益相关者管理提供结构化方法。

1. 识别利益相关者

可能进行利益相关者分析，以确定和分析项目的利益相关者，但该过程因项目而异。为大型和重要的项目制定了利益相关者管理方案，并鼓励所有项目使用这些方案。

2. 利益相关者管理规划

进行了利益相关者分析。确定了项目利益相关者，并向其提供有关状态、进度和阶段任务完成情况的概要信息。管理层鼓励大型和重要项目在预期周期内定期更新这些信息。规划利益相关者管理策略的方法因项目而异。

3. 管理利益相关者的参与

与利益相关者沟通和合作的流程因项目而异。问题会得到解决，但处理方法不一致。在项目整个生命周期中，为使利益相关者参与而开展的活动视需要而变化。

4. 监督利益相关者的参与

有监督项目利益相关者关系的流程，但会因项目而变。各项目经理都会视情况调整策略，以便在项目进展过程中保持或提高利益相关者参与活动的效率和效能。利益相关者的参与活动由各项目经理进行规划和控制。

5. 自适应/敏捷性环境

利益相关者的敏捷参与——利益相关者只在最后参与。并非所有利益相关者都提供赞助。

四、第三级：组织标准和制度化流程

整个组织的项目利益相关者管理有一个标准的方法和流程。大多数项目都制定并执行正式的项目利益相关者管理方案。

1. 识别利益相关者

有望为所有项目制定利益相关者管理方案。项目利益相关者得到确认，相

关分析包括潜在的相关信息，如角色、部门、利益、知识、期望和影响水平。

扮演决策或管理角色、受项目结果影响的关键利益相关者，如赞助商、业务和技术负责人、项目经理、供应商代表和主要客户，得到确认。非关键利益相关者也得到确认，并被添加到利益相关者列表中，以便将所有潜在利益相关者囊括其中。每个利益相关者的潜在影响或支持都得到分析和分类，以确定相关的方法策略。

利益相关者的利益得到排序，以确保高效传达和管理他们的期望。

关键利益相关者得到评估，以确定如何影响和吸引他们，如何加强他们的支持，以及如何减轻潜在的负面影响。多个分类模型（权力—利益、权力—影响、影响—作用等）被用于利益相关者分析。针对赞助者、变革代理人和目标人群的利益相关者分析是所有大型项目组织变革管理规划的一个组成部分。

2. 利益相关者管理规划

整个组织的利益相关者管理策略采用一种标准方法。项目经理会使用分析工具并应用专家判断来决定项目每个阶段每个利益相关者所需的参与程度。随着项目的推进，项目经理会审查并更新关键利益相关者的参与程度。

在创建利益相关者管理方案时，项目经理会考虑经过专业培训的群体及个人的判断和专业能力、关于主题的专业知识，以及关于组织内部关系和与外部利益相关者关系的见解。项目经理通过一对一会议、访谈、焦点小组、调查等方式来获得专家的建议。

关键利益相关者当前的参与程度得到评估，并同成功完成项目所需的理想参与程度进行比较。当前和理想的参与程度被分类并记录为不知情、抗拒、中立、支持或带头。

针对产品周转和利益实现的过渡计划，会执行特定的利益相关者管理规划。

3. 管理利益相关者的参与

对利益相关者的分析结果被用于制定沟通管理方案，以满足特定利益相关者的特定需求。

每个利益相关者当前和期望的参与程度对确定整个项目的战略有着重要作用。项目经理在适当的阶段让利益相关者参与，以获得并确认他们对项目成功的持续贡献。项目经理根据利益相关者的要求决定在项目中使用哪些沟通方法，如何以及何时进行此类沟通。

为了确保项目目标的实现，项目经理通过谈判和沟通管理利益相关者的参与，并运用相关的人际交往技能管理他们的期望。项目经理解决尚未成为问题的潜在问题，并预测利益相关者未来可能提出的问题。这些问题会得到及早发现和处理。项目经理运用管理技能来协调和融洽利益相关者群体，以实现项目目标。

4. 监督利益相关者的参与

利益相关者的参与被包含在利益相关者管理方案中，并在项目生命周期内实施。利益相关者的参与活动受到持续监督和评估。相关的标准工具被用于捕获、存储有关项目成本、进度和表现的信息并向利益相关者发布。项目经理对报告进行整合并促进其发布，以满足项目利益相关者的需求。

受过专业培训和具备专业知识的群体和个人得到使用，以确保全面识别和分析新的利益相关者，并对现有利益相关者不断进行评估。相关方法包括一对一会议、访谈和一些小组形式，如焦点小组和研究小组。审查会议用于交流和分析关于利益相关者参与情况的信息。

5. 自适应/敏捷性环境

利益相关者的敏捷参与——利益相关者直接与敏捷团队进行频繁互动，参与所有过程，并提供指导和支持。

五、第四级：管理流程

所有项目都需要利益相关者管理方案。这些方案被整合到公司的所有规划系统、规划流程和规划结构中。

1. 识别利益相关者

随着项目的进展，可以通过某种方法不断对利益相关者管理方案进行更新和完善。利益相关者管理被纳入公司的其他相关流程、系统和结构。

2. 利益相关者管理规划

随着项目的进展，组织会利用相关方法更新和完善利益相关者管理方案。该方案也会被纳入公司的其他相关流程、系统和结构中。

3. 管理利益相关者的参与

为满足利益相关者对信息的需求，建立了自动化信息检索系统用于查询相关信息。发布方式包括从会议到多媒体演示等多种方式。项目经理确认利益相关者可以使用相关方法满足其沟通需求并感到满意。

4. 监督利益相关者的参与

所有项目都有望获得绩效衡量结果，以证明对利益相关者分析的理解。各项目会定期进行正式分析。

5. 自适应/敏捷性环境

利益相关者的敏捷参与——组织使用团队绩效数据和相关反馈来改进利

益相关者管理。

六、第五级：优化的流程

确保对项目利益相关者管理的持续改进，吸取相关经验教训并将其纳入现有流程。

1. 识别利益相关者

对关于利益相关者的相关记录和吸取的经验教训，包括分析利益相关者及其需求的过程，进行增值影响评估。利益相关者的确认与组织的其他规划紧密相连。

对吸取的关于有效确认利益相关者的经验教训进行汇编。

2. 利益相关者管理规划

对确认利益相关者的相关文件和吸取的经验教训进行增值影响评估。利益相关者管理规划与组织规划紧密相连。

3. 管理利益相关者的参与

整个利益相关者管理过程的文件记录可供审查。对经验教训进行评估，以对流程进行持续的质量改进。利益相关者已接受相关培训，能够及时获取所需的项目相关信息。

4. 监督利益相关者的参与

对利益相关者管理方面的经验教训进行收集和分析，并将结果用于修改相关流程的规划和执行，从而对其进行持续改进。绩效指标被用于定义利益相关者管理方案的效率和效能。

5. 自适应/敏捷性环境

利益相关者的敏捷参与——组织通过吸取经验教训和衡量绩效不断改进利益相关者管理。

第十三章
现在该做什么？利用成熟度评估实现业务目标

确定组织的成熟度得分可能会给你一种满足感，特别是如果分数相对较高。然而，得分不是唯一的目标。

一、提高成熟度的商业影响

项目管理成熟度是一个渐进的过程，在此过程中，组织会经历不同发展阶段的显著改进。根据我们与客户交往的经验，他们会将项目管理成熟度模型（PMMM^{SM}）作为一种改进流程的工具迭代使用，成熟度的提高在短短半年内就会产生宝贵的成果，例如缩短项目完成时间、更好地控制项目成本、改进战略管理决策，以及长期的可持续增长和盈利（见表13.1）。

表13.1　项目管理成熟度提升带来的不同指标增长百分比

项目管理价值基准	
组织通过提高项目管理成熟度实现的平均价值：	
>>失败项目减少	29%
>>项目提前完成	16%
>>项目低于预算	23%
>>符合项目目标的改进	37%
>>生产率的提高	21%
>>每个项目的成本节约（占项目总成本的百分比）	16%
>>消费者满意度的提高	26%
>>每个项目的成本节约	71 000 美元

资料来源：《2014年项目管理成熟度状况》，项目管理方案研究。

最终，当组织达到其期望的成熟度水平时，它已经接受了某种项目管理文化，而且能够显著优化效率和利润。基于项目管理方案研究的一项研究而撰写的名为《项目管理成熟度：当前最佳实践基准》（*Project Management Maturity*: *A Benchmark of Current Best Practices*）的报告表明，提高组织的项目管理成熟程度会带来显著的绩效收益，尤其是在客户满意度方面。

这是我们为发现组织绩效与项目管理成熟度之间的直接关系而开展的第二项研究。我们从以下八个绩效领域对组织管理从业者的相关实践和业务成果进行了调查研究。

（1）进度情况。

（2）预算执行情况。

（3）顾客满意度。

（4）资源分配。

（5）战略一致性。

（6）估算质量。

（7）员工满意度。

（8）项目组合优化度。

研究发现，在这八项指标上得分较高的组织（我们在报告中称之为"高绩效者"）在项目管理实践成熟度方面也比一般组织高38%。此外，提高一个组织的项目管理成熟度水平，可以带来所有八个领域绩效的显著提高。该调查还有一些其他重要发现。

（1）提高项目管理成熟度水平可以带来显著的绩效收益，尤其是在客户满意度方面（30%的组织有超过25%的改善）。项目管理成熟程度越高，所衡量领域的绩效越好。关于提高成熟度带来的成本节约比较，见图13.1。

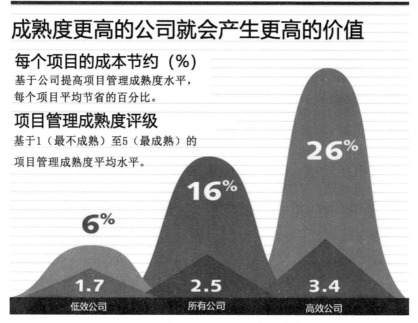

图 13.1　成本随项目成熟度的提高而降低

资料来源：《2014年项目管理成熟度状况》，项目管理方案研究。

（2）项目管理总体成熟度在五年内增长了26%，最大的改善是风险管理，其次是采购管理和成本管理。

（3）近一半的受访者表示，在所有八个领域中，业绩改善超过了10%。

有充分的证据表明，一个组织如果以守纪和现实的方式投资于提高项目管理能力，将会获得巨大的投资回报。每个组织都必须确定其需要达到的成熟度，以及需要多长时间达到这种成熟度。根据对组织能力的详细分析合理制定的实施路线图可以大大缩短提高成熟度所需的时间。

二、使用评估结果

评估的真正价值将在以下几个领域发挥作用。

1. 文化变革与员工参与度

在组织中灌输项目管理纪律较困难的是改变工作人员的行为和习惯，同时这也是项目管理最重要的一个方面。

在开展评估的过程中，将对所使用的工作产品和过程进行评估，并将其与一些最佳实践场景进行比较。随着这一过程的进行，工作人员有机会了解新过程的逻辑，并初步了解项目管理必须提供的内容。因此，文化变革始于评估的初始阶段。

工作人员开始意识到，他们思考的方式要不同于以往。在很多情况下，相关个人已经知道变革是必要的，他们只是不确定应该朝什么方向改变。评估过程中进行的相关访谈可以给相关工作人员一些方向上的提示，这种方式对员工更有吸引力，因为访谈鼓励反思和自我激励式变革，而不是试图通过自上而下的命令来硬性变革。

开始文化变革的另一个良好途径是传播愿景。进行评估的行为会告诉工作人员，领导层有一个提高绩效的愿景，他们都可以在其中发挥作用。

评估结果可以揭示公司前进过程中的明确路径和具体行动。这些信息可以以一种容易被理解的方式在整个公司传播，使人们开始思考新的方向。通过使用评估数据（基于各级员工提供的信息），员工们既可以成为推动变革方案的一部分，又可以了解公司的未来发展。这是激发兴趣和热情以改进项目管理并提高员工参与度的一个起点。

2. 为绩效衡量设定基准能力

进行成熟度评估还表明你所在组织对改进流程、提高效率和效能非常重视。最初的高分可能是一个值得分享的好消息；但分数随着时间的推移而提高也是值得分享的好消息。

然而，除非有一个比较的基准，否则很难衡量流程能力的改进。初始评估可以作为基准，使组织能够客观地显示未来在流程改进方面的投入所产生的价值。

3. 项目管理办公室的推行

评估可以帮助回答另一个重要问题：组织在哪个层面适合设置项目管理办公室？

根据定义，项目管理办公室为项目管理提供了组织机构。该机构应存在于组织的哪一层面并不清晰，其存在的层面取决于该组织其他部分的成熟度。

与那些刚刚开始项目管理进程的组织相比，成熟度更高的组织通常在较高层面拥有项目管理办公室。通常情况下，我们所看到的是，拥有相当完善的项目管理流程的组织已经具备了功能完善的一级（项目控制）项目管理办公室（见图 13.2），而且正在实施二级（业务部门）项目管理办公室。非常成熟的组织可能会致力于企业级项目管理办公室。在所有情况下，成熟度评估可以揭示确保下一步成功推行项目管理办公室所需采取的行动。

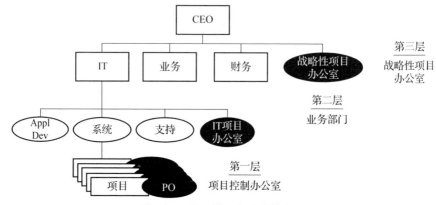

图 13.2 项目管理办公室的类型

4. 将评估作为一种进度和效能工具重复使用

我们发现很多客户都会定期问自己："我们是否在正确的领域全面提升项目管理能力？"可以通过重复评估来比照项目管理部署方案追踪进展情况。项目管理部署方案应根据初始评估的结果而制定，从而确认改进正在发生，并加强对新方法的使用。

反复进行一项评估可以展示项目管理办公室在帮助组织实现目标过程中取得的进步。重新评估可以成为持续衡量项目管理办公室成功与否的一项指标。如果项目管理办公室利用相关的项目管理能力改进行动，那么评估结果可归因于项目管理办公室为提高项目管理能力而采取的行动。组织可以将这些衡量结果作为相关激励的基础。

短期重新评估的另一个价值是，可以提供一种工具，以向高管和管理层传达相关成功和里程碑式成就。领导层有时记忆非常短暂，随着时间的推移，他们改变初始预算的承诺可能会动摇。定期向领导层提供客观的结果证据，是防止高管和员工承诺动摇的明智策略。我们建议每年进行一次评估。①

5. 六个月的改进目标

我们经常会发现，组织希望将评估作为工具，以确定具体的改进领域，进而成为下一个增量阶段的目标。然后，他们会处理一个领域的问题，一次处理一个层面。这样可以让组织在六到十二个月的时间内展示改进成果，让改进发起人看到可靠的投资回报（ROI）。小小的胜利可以为特定方向提供重新进行评估的机会，同时可以重新激励员工。这些都是重要的"基准点"，组织可以看到自己学到了多少，可以规划自己在第一次规划会议中不知道的内容，并适应或调整下一个短期（六个月）计划的方向。

6. 设置成熟度目标

五级成熟度目标可能并不适合每个组织。每个组织都需要先确定实现理想价值的最低成熟度，无论是以投资回报率（ROI）、客户满意度的提高，还是以对组织的重要性等衡量标准进行衡量。下一步是确定实现高一级成熟度的相关值。重要的是要认识到这些级别是渐进的步骤。建立一个具有特定重点和可衡量目标的渐进式改进计划，可以让组织在短时间内实现一些收益。

五个级别中的每一级都有很大差异。组织应该努力填补薄弱领域，同时推进那些能够带来利益的领域。仅仅为了拥有更高的级别而努力提高成熟度级别是不明智的。我们建议，一个组织应尝试在不同知识领域保持各级别的密切联系。根据我们的经验，如果其他知识领域都处于第二级成熟度，那么单个知识领域实现第五级成熟度所带来的好处可能会被抹掉。

我们还发现，保持项目管理成熟度与公司其他流程成熟度领域（包括财务管理、组织改进、信息技术、人力资本开发等）的同步是有益的。例如，如果组织没有实施时间报告流程，那么实施成熟的项目管理流程（如挣值跟踪）是没有意义的。经验表明，如果项目管理实践远远超前于公司其他流程，可能会造成一些混乱和不信任。以下提示事项供你在提高项目管理成熟度时考虑。

（1）把它看作一个持续的过程，而不是一次快速转型。项目管理成熟度不会在一夜之间发生，但在走向最佳成熟度的过程中，短短六个月内就会看到回报。

（2）在项目管理成熟度模型中将成熟度目标设置为合适的级别。并非每

---

① 这项建议的一个告诫是：追求敏捷转型的公司通常会这样做，因为迫切需要更快、更灵活的组织变革和生产力提升。在敏捷转型的背景下，成熟度模型中与自适应/敏捷性环境相关的部分可以在团队认为必要时经常使用。

个组织都需要在项目管理成熟度模型中达到第五级成熟度才能获得重要收益。成熟度评估有助于确定最适合每个组织的成熟度级别。

（3）将注意力放在持续改进上。项目管理成熟度强调持续改进。即使一个组织达到其最高的目标成熟度级别后，仍有改进和增长的空间。组织应每六到十二个月重新审视其项目管理的相关实践、战略、流程和目标。

（4）寻求外部帮助。与组织内的任何文化变革一样，成熟度的提升通常意味着谨慎应对组织的政治氛围以取得相关进步。利用中立的第三方顾问，他们有专门的有效方法来评估项目管理成熟度，并制订切实可行的发展计划来帮助加快进度，特别是在内部资源有限的情况下。

（5）需要记住的是，成熟度本身并不是目的。成熟度的提高可以为实现组织的业务目标带来更大的价值。

（6）请记住，评估结果可能会被误用。评估的目的应该是通过提高项目管理能力为组织提供前进的道路，而不是作为项目管理职能的"最终等级"。通常，组织首先会对其当前状况进行基准评估。然后，通过定期的简短评估体现正在取得的进步。基准评估使组织能够确定立即采取的行动会在哪些方面产生最大的投资回报。提高组织的项目管理成熟度是提高组织绩效的一个关键成功因素。

毕竟，一个组织是通过相关项目执行其战略，而优化其项目管理能力将直接增加其战略成功的概率。

结　语

一、展望未来：一种适应未来的模型

随着这本书的出版，项目管理协会正在最终确定一个新版的《项目管理知识体系指南》，此更新将显著改变我们谈论项目管理领域的方式。在本书中，我们提出了一个更新的成熟度模型，它与项目管理学会标准的当前版本保持一致，该版本将被一个新版本所取代。因此，值得一提的是：项目管理成熟度建模的未来是什么？下一版的《项目管理知识体系指南》（PMBOK® Guide）会使这本书过时吗？

简短的答案是：不会。

原则指导了我们使用流程的方式……它们一直都是这样。到目前为止，这并不是说项目管理缺乏原则……也不是说过程将来会过时。我们认为，大多数实践者都明白，在现实世界中，项目管理是"两者兼而有之"，而不是在非此即彼的情况下运作。

正式标准可能早就应该放弃明确描述一个假设项目的内部结构的想法。如今的项目，至少已经存在了几十年，在行业、规模、复杂性、影响、人力和技术要素方面都令人眼花缭乱。项目管理学为将项目管理实践的要素编入标准所做的值得称赞的尝试，在许多方面都与现实不符，就像众所周知的钟摆一样。一直专注于过程的标准，现在正在进行一个大转变，专注于潜在的原则和项目运行的更大环境。但是，正如往常一样，现实介于两者之间的某个地方，即在过程和原则相交的不断变化的区域。

二、自适应组织

2018年，我们开始在客户中看到咨询和培训实践的趋势：越来越多的组织正在尝试或询问"敏捷转型"。他们中的许多人都有最模糊的想法；然而，他们知道组织变革的步伐必须加快，他们打赌，更敏捷或适应性更强的管理策略会有所帮助。

我们的研究报告《自适应组织：改变项目管理方法的基准》（Adaptive Organization: A Benchmark of Changing Methods to Project Management）部分受到项目管理学会《项目管理知识体系指南》（第六版）发布的启发，该指南包含了关于敏捷和适应性方法的语言。事实上，我们依赖于标准中的定义，将所有调查受访者在回答调查问题时放在同一页面上。从结果中可以清楚地看出，项目管理正处于项目和组织工作方式的重大转变之中。研究中的大多数组织报告说，他们正在尝试使用敏捷和自适应方法，而不是"转变"为全面的敏捷方法。他们根据项目的需求、员工、项目管理办公室和流程的成熟度使用混合方法。

这一现实现在反映在《项目管理知识系统指南》（第七版）的征求意见稿中，该指南鼓励项目经理首先关注成功的价值交付，并根据项目特征、行业以及利益相关者和组织的需求，选择最适合的方法，无论是预测的、敏捷的、混合的还是瀑布式的。该标准并不偏爱其中一种方法。它鼓励实践者着眼于价值、利益和业务成果的大局。

这样，没有什么比这个更新的成熟度模型更能适应时代。我们期待在朝着更具适应性的方法迈进的过程中，在各个阶段与各个组织中一起使用它。在不放弃知识领域和流程的情况下，我们已经描述了每个知识领域内可以增加敏捷性的实践。我们非常确定，这种模式将帮助组织在"两者（Both）/和（And）"的区域内茁壮成长，从而经受住时间的考验。

但是请继续关注。因为没有什么比不断改进和更新你的工具更能说明敏捷性了；当你读到这些文字时，我们在这个领域的顾问正在这样做。

附录 A
自我评估调查

此自我评估调查旨在帮助对组织的项目管理成熟度进行简单、非正式的自我评估。第一章和第十三章提供了有关评估和如何进行评估的更多详细信息。

组织可按照以下指示进行自我评估。请记住，项目管理成熟度评估的主要目的是为您的组织提供一条通过提高其项目管理能力而前进的道路。

组织的项目管理成熟度自我评估

回顾十个知识领域中每个部分的描述（见第三章至第十二章），并评估组织的成熟度。选中下面调查中的相应方框。

组织对给定成熟度级别的实现是累积的，也就是说，对于每一个后续的项目管理成熟度模型的级别，假设该组件的前一级别的所有标准都正在（或已经）得到满足。例如，为了在范围定义中评估一个成熟度级别为第三级的组织，它必须具备范围定义级别第一、第二和第三级中描述的所有流程。组织可能有一些属于第四级的流程，但如果没有达到全部的第四级流程，则整体上成熟度仍处于第三级。

完成知识领域组成部分的评估后，确定每个知识领域的成熟度水平。做到这一点后，请查看知识领域组件的评估结果，并选择评估该知识领域成熟度的最低级别。例如，如果组件自我评估见表 A.1，那么项目范围管理中的成熟度等级为第二级（因为您在范围管理规划中处于第二级成熟度）。换句话说，组件的总体成熟度等级不能高于最低的单个组件得分。

表 A.1 在检查表中记录分数的示例

	项目管理成熟度级别				
	1	2	3	4	5
项目范围管理					
范围管理规划	☐	☑	☐	☐	☐

续表

	项目管理成熟度级别				
	1	2	3	4	5
需求收集	☐	☐	☑	☐	☐
范围定义	☐	☐	☑	☐	☐
工作分解结构	☐	☐	☑	☐	☐
范围确认	☐	☐	☑	☐	☐
范围变更控制	☐	☐	☑	☐	☐
自适应/敏捷性环境：（可选)	☑不适用				
重要战略和用户价值	☐	☐	☐	☐	☐
发布计划	☐	☐	☐	☐	☐
迭代计划	☐	☐	☐	☐	☐

要评估整个组织的成熟度水平，请遵循类似的方法。审查十个知识领域中每一个的成熟度评估结果，评估的最低级别即组织成熟度级别。项目管理成熟度模型自我评估调查清单见表 A.2。

表 A.2 项目管理成熟度模型自我评估调查清单

	项目管理成熟度级别				
	1	2	3	4	5
项目集成管理					
项目章程的制订	☐	☐	☐	☐	☐
项目管理计划的制订	☐	☐	☐	☐	☐
项目实施	☐	☐	☐	☐	☐
项目知识管理	☐	☐	☐	☐	☐
项目工作的监测和控制	☐	☐	☐	☐	☐
综合变更控制管理	☐	☐	☐	☐	☐
项目或阶段结尾	☐	☐	☐	☐	☐
特别关注部分：					
项目管理办公室	☐	☐	☐	☐	☐

续表

	项目管理成熟度级别				
	1	2	3	4	5
自适应/敏捷性环境：（可选）	☐ 不适用				
协作	☐	☐	☐	☐	☐
仆人式领导	☐	☐	☐	☐	☐
项目管理办公室	☐	☐	☐	☐	☐
项目范围管理					
范围管理规划	☐	☐	☐	☐	☐
需求收集	☐	☐	☐	☐	☐
范围定义	☐	☐	☐	☐	☐
工作分解结构	☐	☐	☐	☐	☐
范围确认	☐	☐	☐	☐	☐
范围变更控制	☐	☐	☐	☐	☐
自适应/敏捷性环境：（可选）	☐ 不适用				
重要战略和用户价值	☐	☐	☐	☐	☐
发布计划	☐	☐	☐	☐	☐
迭代规划	☐	☐	☐	☐	☐
项目进度管理					
进度管理计划	☐	☐	☐	☐	☐
活动定义	☐	☐	☐	☐	☐
活动排序	☐	☐	☐	☐	☐
活动持续时间估计	☐	☐	☐	☐	☐
进度开发	☐	☐	☐	☐	☐
进度控制	☐	☐	☐	☐	☐
进度集成	☐	☐	☐	☐	☐
自适应/敏捷性环境：（可选）	☐ 不适用				
工作	☐	☐	☐	☐	☐
评估	☐	☐	☐	☐	☐

续表

	项目管理成熟度级别				
	1	2	3	4	5
项目成本管理					
成本管理计划	☐	☐	☐	☐	☐
成本估算	☐	☐	☐	☐	☐
预算确定	☐	☐	☐	☐	☐
成本控制	☐	☐	☐	☐	☐
自适应/敏捷性环境：(可选)	☐ 不适用				
编制预算	☐	☐	☐	☐	☐
成本核算	☐	☐	☐	☐	☐
收益或价值实现	☐	☐	☐	☐	☐
项目质量管理					
质量管理计划	☐	☐	☐	☐	☐
质量管理	☐	☐	☐	☐	☐
质量控制	☐	☐	☐	☐	☐
特别关注部分：					
管理监督	☐	☐	☐	☐	☐
自适应/敏捷性环境：(可选)	☐ 不适用				
产品质量	☐	☐	☐	☐	☐
测试	☐	☐	☐	☐	☐
持续集成	☐	☐	☐	☐	☐
管理监督	☐	☐	☐	☐	☐
项目人力资源管理					
资源管理计划	☐	☐	☐	☐	☐
资源评估	☐	☐	☐	☐	☐
资源获取	☐	☐	☐	☐	☐
团队发展	☐	☐	☐	☐	☐
团队管理	☐	☐	☐	☐	☐

续表

	项目管理成熟度级别				
	1	2	3	4	5
资源控制	☐	☐	☐	☐	☐
特别关注部分：					
职业发展管理	☐	☐	☐	☐	☐
自适应/敏捷性环境：（可选）	☐ 不适用				
能力/要求	☐	☐	☐	☐	☐
自发组织	☐	☐	☐	☐	☐
职业发展管理	☐	☐	☐	☐	☐
项目沟通管理					
沟通管理规划	☐	☐	☐	☐	☐
沟通管理（信息分发）	☐	☐	☐	☐	☐
沟通监控	☐	☐	☐	☐	☐
自适应/敏捷性环境：（可选）	☐ 不适用				
沟通	☐	☐	☐	☐	☐
项目风险管理					
风险管理计划	☐	☐	☐	☐	☐
风险查证	☐	☐	☐	☐	☐
风险定性分析	☐	☐	☐	☐	☐
风险定量分析	☐	☐	☐	☐	☐
风险应对计划	☐	☐	☐	☐	☐
风险应对措施落实	☐	☐	☐	☐	☐
风险监控	☐	☐	☐	☐	☐
自适应/敏捷性环境：（可选）	☐ 不适用				
把控	☐	☐	☐	☐	☐
检查	☐	☐	☐	☐	☐
采购和供应商管理					
采购管理规划	☐	☐	☐	☐	☐

续表

	项目管理成熟度级别				
	1	2	3	4	5
采购的征集和申请	☐	☐	☐	☐	☐
采购控制和供应商管理	☐	☐	☐	☐	☐
自适应/敏捷性环境：(可选)	☐ 不适用				
供应商管理	☐	☐	☐	☐	☐
项目利益相关者管理					
利益相关者识别	☐	☐	☐	☐	☐
利益相关者管理规划	☐	☐	☐	☐	☐
管理利益相关者的参与	☐	☐	☐	☐	☐
监督利益相关者的参与	☐	☐	☐	☐	☐
自适应/敏捷性环境：(可选)	☐ 不适用				
利益相关者的敏捷参与	☐	☐	☐	☐	☐
知识领域成熟度级别					
项目集成管理	☐	☐	☐	☐	☐
项目范围管理	☐	☐	☐	☐	☐
项目进度管理	☐	☐	☐	☐	☐
项目成本管理	☐	☐	☐	☐	☐
项目质量管理	☐	☐	☐	☐	☐
项目人力资源管理	☐	☐	☐	☐	☐
项目沟通管理	☐	☐	☐	☐	☐
项目风险管理	☐	☐	☐	☐	☐
采购和供应商管理	☐	☐	☐	☐	☐
项目利益相关者管理	☐	☐	☐	☐	☐
组织成熟度级别	☐	☐	☐	☐	☐

附录 B
项目组合管理（PPM）成熟度模型

项目组合管理能力的提升是组织整体项目管理成熟度的重要组成部分。项目管理解决方案中的项目组合管理成熟度模型是围绕项目组合管理的八个基本组成部分建立的。项目组合管理成熟度模型具有五个不同的成熟度级别，该模型体现了组织在八个项目组合管理组件中的实施情况。下面针对模型的每个级别对项目组合管理成熟度的五个级别逐一进行描述。

自适应/敏捷性环境中的项目组合管理可以在组织的任何级别（从单个产品到企业组织）中实现。美国项目管理学会（PMI®）中的项目组合管理原则和项目组合管理标准是通用的，均适用于自适应/敏捷性环境。实际上，由于减少了流程、管理和行政开销，使用精益/敏捷方法、工具和技术的项目组合管理可以更简单。产品和企业层面共享战略调整和交付价值的基础和目标。战略是长期目标和中短期目标的基础，这些长期和中短期目标与产品路线图和相关技术路线图保持一致，以确定派生主题的战略业务目标。用户价值是跨越组织的特定业务目标，这些被分解成公司重要战略，重要战略是实现为组织创造最大价值的用户规模性计划的容器。重要战略具有足够的投资规模，故需要商业案例（例如重要战略简报）和预算背书才能执行。重要战略的持续时间通常为 3~9 个月。在企业层面，组织可以实施一个规模的框架，如美国项目管理学会的规范敏捷企业（DAE）或规模的敏捷框架（SAFe®）就提供了这样一个基础，在此基础上不仅可以扩展项目组合管理，还可以在企业内利用敏捷和精益概念的多个组织扩展敏捷的各个方面。

一、项目组合管理的八个组成部分

我们确定了开发有效的组织项目组合管理环境所必需的八个组成部分（见图 B.1）。下文将对此逐一进行描述。

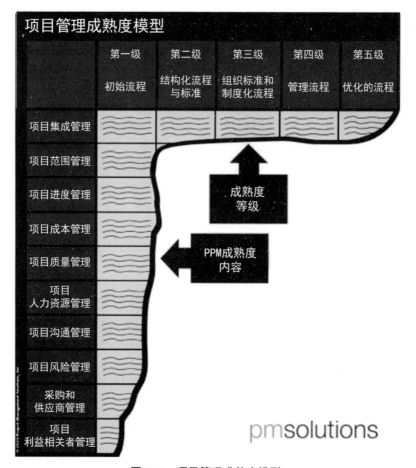

图 B.1　项目管理成熟度模型

项目组合管理成熟度模型被组织成八个组件区域。自适应/敏捷能力是在每个组件中进行评分的。

（一）项目组合管理

项目组合管理涉及用于管理和审查项目组合的组织和决策过程。它包括建立和维护结构和程序、进行持续评估并寻求组合的改进。项目组合管理组件确保组织实施的项目与愿景、战略和目标保持一致。项目组合管理子组件包括以下内容。

1. 项目组合管理流程

管理流程确保组织内不同级别的项目组合审查委员会有相应的程序。此外，在可能的情况下，对董事会程序进行分析和改进，以优化董事会成员的决策行为。

2. 与组织战略和目标的一致性

制定战略标准以确保项目组合中的项目符合标准化目标,从而最大限度地提高投资资本的效率。成熟的组织应根据行业标准衡量自身,以确保业务的竞争力。

3. 角色和职责

必须建立明确的角色和职责,以履行项目提案识别和评估职责,并为提案的商业价值进行定义。

4. 项目组合审查委员会

项目组合审查委员会在每个管理级别建立,以监督项目机会的评估、拨款项目的执行以及项目组合最佳组成的确定。存在创建、特许和补选审查委员会的流程。审查委员会的运作和决策标准由组织范围内的审查委员会制定。

5. 自适应/敏捷性环境:项目组合管理

在自适应/敏捷性环境中,管理过程与预测性管理过程和传统环境中的管理过程共享相同的目标,以确保一致性,保持其执行能力并实现组织价值。自适应/敏捷性环境是一种更精简的方法,它使产品路线图或价值流与定义的用户价值和公司重大战略保持一致。产品管理负责产品级别的管理。在规模化的环境中,责任在于价值流的执行层、产品层和团队层。

(二) 项目机会评估和启动

项目机会评估侧重于业务需求的识别过程,这些业务需求可以通过一个或多个项目实现方案的开发来满足。评估包括用于理解和定义高级业务需求的过程和程序,定义潜在的解决方案概念,并利用组织资源将这些概念作为建议的项目来表达。项目机会评估和启动子组件包括以下内容。

1. 项目机会评估和启动流程

项目机会评估和启动流程的存在是为了确保所有项目的想法和建议在企业和业务部门组合中得到应有的考虑。

2. 商业价值的确定

商业价值的确定确保整个组织的项目采用带有标准商业价值算法的标准文档,以实现整个企业的最佳选择和优先级排序过程。

3. 自适应/敏捷性环境:机会评估和启动

在自适应/敏捷性环境中,机会评估和启动是基于战略调整、具体目标和战略风险偏好迭代进行的,这样做能确保在特定时间框架内交付最大价值的重大战略成果。产品路线图或价值流通过相关的用户价值和重大战略进行细化。

(三) 项目优先级和甄选

项目优先级和甄选过程有助于组织对潜在项目的审查，根据合理的决策标准确定候选项的优先顺序，并在给定的资源限制范围内甄选能够为组织提供最佳价值的项目。优先级和甄选将项目甄选与组织战略联系起来，并建立一个框架来系统地评估所有项目的商业价值和项目组合。项目优先级和甄选子组件包括以下内容。

1. 项目优先级流程

优先排序包括对组织内所有项目提案进行潜在投资排序。使用标准化的优先排序模型来确保对所有意向中的项目进行客观评估。

2. 优先排序方案

优先排序方案旨在根据项目与企业战略的一致性和项目收益来区分项目。方案随着业务环境的变化而更新。

3. 甄选和拨款流程

甄选是启动项目计划之前的最后一个项目组合步骤。甄选过程允许高级管理层使用经过审查和优先排序的项目提案列表，并制订一个现实可行的投资计划。

4. 自适应/敏捷性环境：项目优先级和甄选

在自适应/敏捷性环境中，优先级排序基于在产品或价值流中实现最大价值的企业重大战略。使用组合看板以及来自组合待办事项列表、产品待办事项列表和团队绩效数据的输入，对重大战略进行优先级排序。在如规模化敏捷框架（SAFe®）等大规模的敏捷环境中，加权最短工作优先（WSJF）和敏捷发布培训（ART）等技术也用于优先级排序。

(四) 项目组合和项目沟通管理

项目组合和项目沟通管理负责项目组合中每个项目的信息收集和共享。汇总这些信息使组织能够做出战略项目组合决策。当得到正确执行时，项目组合和项目沟通管理有助于组织做出理性和公正的决策，充分了解每个项目对其项目组合的价值。项目组合和项目沟通管理的子组件包括以下内容。

1. 项目分类

创建项目分类以提供项目组合的分段视图。组织使用分类来确保平衡的投资计划符合其战略目标。

2. 定义的项目组合信息

项目组合信息字段是结构化的，可提供聚合的项目信息，从而允许在组织的投资决策过程中使用不同的项目组合视图。

3. 批准项目列表

为获取项目数据，项目沟通管理过程要和项目组合存储库的使用一起展开，以产生现有和潜在项目投资的所有细节的统一视图。

4. 信息共享流程

建立项目数据共享的流程，以提供组织项目组合的综合视图。项目组合信息可单独提供给组织中不同的利益相关者群体使用。

5. 项目沟通管理流程

项目沟通管理流程允许在项目组合级别捕获项目信息。项目数据的汇总用于做出项目组合的决策。

6. 自适应/敏捷性环境：项目组合和项目沟通过程

在自适应/敏捷性环境中，项目组合和项目沟通管理围绕着与利益相关者的沟通，需要积极融入利益相关者，让他们参与进来。利益相关者的参与和透明度会带来项目组合信息的不断更新，以项目组合看板和项目组合待办事项列表的形式提供给组织中的相关人员。

（五）项目组合资源管理

项目组合资源管理包括允许组织有效分配适当资源和数量（熟练劳动力、非劳动力服务和物料）以成功执行项目组合中的项目的过程。

资源管理有助于确保组织的资源得到适当分配，满足业务需求，并为管理层提供预测未来资源需求的信息。项目组合资源管理子组件包括以下内容。

1. 资源分配流程

资源分配流程优化了需求与容量的匹配，通过分配最合适的资源获得最高价值。

2. 技能鉴定和资产盘点

技能和资产库存是优化资源配置的必要条件。正确分类技能和资产对准确描述满足资源需求的质量和能力至关重要。了解技能和资产投资有助于为人力资源提供更有效的学习和职业发展机会。

3. 项目组合资源规划

组合资源规划包括审查当前和计划中的活动，预测人力资源和其他资源的需求，并制订计划以弥补预计的差距。人力资源规划包括确定完成计划活动所需的人员数量和相关技能。其他资源规划包括制定规则以获得计划活动所需的资源，如设备、硬件、软件许可证和专业团队（处理测试和其他功能）。

4. 自适应/敏捷性环境：项目组合资源管理

在自适应/敏捷性环境中，在项目组合级别，资源管理不像预测性及传统环境那样复杂。由于团队致力于产品本身，并且产品路线图和工作待办事项列表不断更新，因此团队必须充分参与。这种方法确保团队永远不会放弃提供价值的工作。该团队需具备与项目相关所有必要技能。

（六）项目组合风险管理

项目组合风险管理允许组织监控对其项目组合的威胁，并在必要时做出响应。威胁可能会影响项目组合的进度、成本、价值和质量。随着风险格局的变化，管理层必须拥有必要的工具来保持项目组合的最佳价值。风险测度和度量在组织层面设置，作为对项目组合管理的威胁警告。对组合风险容忍度的汇总将考虑个别项目的绩效差异。项目组合风险管理子组件包括以下内容。

1. 风险管理流程

风险管理流程用来识别、分析、跟踪、缓解和应对对项目组合的进度、成本、价值和质量构成的威胁。风险管理计划详细说明了组合设置中流程的使用。流程的一致性和完善性可防止风险响应滞后以及可能带来的项目和项目组合的损失。

2. 风险度量和指标

风险度量在项目组合管理中充当路标和警报，以提醒组织即将发生的进度、成本、价值或质量问题。当这些指标超过规定的公差时，应调用响应计划。

3. 自适应/敏捷性环境：项目组合风险管理

在自适应/敏捷性环境中，选择重大战略时，不仅要考虑开发/技术风险，还要考虑财务、业务、运营、流程和组织风险。在迭代规划、每日站会、规划发布、回顾和演示期间，对潜在风险进行频繁审查，并在审查和批准重大战略时向管理委员会提供数据反馈。

（七）项目组合管理组织结构

项目组合管理组织结构是审查拟议和正在进行的工作的正式方法。成熟度的提高是通过标准化和强制性的方法来证明的。统一流程到位后，审查确定了需要改进的领域，并将流程与外部最佳实践进行比较，以持续改进为目标。项目组合管理组织结构子组件包括以下内容。

1. 管理组织结构

管理组织结构为成熟且一致并在整个组织中被接受和执行的实践开发所需的管理组织提供了度量。一个正式的组织结构通常是集中的，旨在让每个人都能朝着共同的业务目标协同工作。

2. 项目组合管理功能

项目组合管理功能在业务运营的绩效或管理方面非常有用。一套共同的行政职能有助于实现组织目标。

3. 自适应/敏捷性环境：项目组合管理组织结构

在自适应/敏捷性环境中，项目组合管理组织结构取决于组织内敏捷的规模。在产品层面，它包括确保获得价值的产品领导层、战略的任何变化及其一致性。支持产品领导层的是确保技术路线图一致的企业架构师，提供数据、分析和咨询服务的项目管理办公室，促进和提供运营和战术见解的产品经理以及产品所有者。在由多个企业级项目组合、团队和潜在的集成元素组成的层面上，项目组合管理组织结构应用精益技术来管理具有组织结构和管理功能的价值流。在规模化敏捷框架下的战略和投资融资与行政执行层、产品领导层以及企业架构同处于组织顶层。支持执行层的是精益管理，包括产品领导、项目管理办公室和企业架构，最后是由项目管理办公室和发布管理和实践主题社区组成的敏捷项目组合管理。在规范敏捷企业中，产品组合组织结构侧重于利用产品管理和企业体系结构的输入来管理企业信息技术产品组合。

(八) 项目组合绩效管理

项目组合绩效管理允许组织评估其项目组合中项目的绩效和相对价值。它允许管理层分析各种项目组合场景，并修改因战略或预算变化而产生的计划。这包括评估每个项目、计划或预计实现的商业价值，并利用这些信息重新定位组织的项目组合。项目组合绩效管理子组件包括以下内容。

1. 项目组合绩效管理流程

项目组合绩效管理应确保项目达到预期投资目标。如果组合中的项目与绩效目标不同，则组合审查委员会负责采取纠正措施，对绩效指标进行审查，以确定管理项目组合的有效性。

2. 项目组合信息共享

实施流程向目标决策者传播关键的项目组合绩效信息。这些信息用于支持重新平衡项目组合的决策，并帮助项目保持正常运行。

3. 自适应/敏捷性环境：项目组合绩效管理

在自适应/敏捷性环境中，项目组合绩效管理遵循"敏捷宣言"原则，即"我们的最高优先事项是通过早期和持续交付有价值的软件来满足客户的需求"。它从战略层面开始，通过产品路线图或价值流、用户价值和企业重大战略进行级联。跟踪和验证价值源于团队的绩效及其为客户提供持续价值的能力。团队的目标是缩短时间、降低风险并最大限度地实现商业价值的交付。价值是由团队交付的东西来衡量的，而不是团队预测的结果。

二、项目组合管理模型

（一）项目组合管理第一级：初始流程

项目组合管理流程可能存在，但内容不一致且没有记录。没有一个单独的团体拥有项目组合甄选和融资的决策权。尽管缺乏关键信息来证明计划、业务或任务绩效方面的预期和已实现的改进，但项目还是得到了拨款。

1. 项目组合管理

可能存在非正式的管理流程和项目组合审查委员会，但流程没有被记录或取得一致。项目和项目组合的资金来源没有优先顺序或战略调整标准。各级都缺乏记录在案的管理角色和职责。

（1）项目组合管理流程。

项目组合管理流程可能存在，但既没有标准化也没有文档化。

（2）与组织战略和目标的一致性。

项目的评估、优先排序和甄选没有考虑与组织的愿景、战略或目标的一致性。

（3）角色和职责。

每个组织级别的项目组合管理角色和职责没有获得定义，或者整个组织中的角色和职责不一致。没有详细解释角色和职责的文件。

（4）项目组合审查委员会。

审查委员会不存在，或委员会的运作不一致且未记录在案。项目机会、项目和项目组合通常仅由融资实体管理。

（5）自适应/敏捷性环境。

项目组合管理利用传统的方法和流程，而敏捷集成方案只是临时采用。

2. 项目机会评估和启动

可能存在非正式的评估过程，但没有做记录或取得一致。尚未建立确定商业价值的正式流程。没有一个负责项目评估和价值确定的小组。不存在有组织的项目提案列表。

（1）项目机会评估和启动流程。

存在用于识别项目机会或启动项目的特殊或无标准流程。

（2）角色和职责。

角色和职责与识别和管理项目机会不一致。没有可用或维护的项目机会列表。

（3）商业价值的确定。

建立项目的商业价值时采用临时方案或无流程。业务案例文档不是必需的，即使存在也是非正式的。

（4）自适应/敏捷性环境。

项目机会评估和启动功能不存在，项目组合由一系列没有战略方向的启动项目组成。

3. 项目优先级和甄选

优先排序和甄选过程可能存在，但没有记录或取得一致。即使缺少关键商业价值信息，项目也会得到拨款。缺少优先排序方案，审查委员会使用的甄选标准也不规范。没有一个小组负责项目建议书的甄选和拨款。利益相关者无法获得有组织的拨款项目清单。

（1）项目优先级流程。

临时或不使用任何流程对潜在和进行中的工作进行优先级排序。项目优先排序由供资实体执行，没有书面程序。优先项目列表可能会也可能不会传达给利益相关者。

（2）优先排序方案。

不存在正式的优先排序方案。在不参考关键业务信息（定义的商业价值、战略一致性、业务收益、风险以及资源或资金需求数据）的情况下，对项目进行优先排序。任何人或团体都不负责创建和维护优先计划。

（3）甄选和拨款流程。

用于确定项目计划的优先级、甄选和拨款的流程是临时或不存在的。尽管缺乏能够体现计划、业务或任务绩效预期和已实现改进的关键信息，但项目仍得到了拨款。项目甄选由拨款实体进行。

（4）自适应/敏捷性环境。

项目优先级和甄选能力不存在，项目组合由一系列没有优先级的项目组成，默认为"任何项目都可以放在第一个来做"。

4. 项目组合和项目沟通管理

沟通过程可能存在，但未记录或取得一致。项目的分类是随机且确实包含了组织视图的。该组织编制了不包含详细信息的简单项目列表。组合信息的整合不存在。

(1) 项目分类。

项目分类在整个组织中不存在或没有标准。任何人或团体都不对类别的创建、记录、维护或传播负责。

(2) 定义的项目组合信息。

未定义基于项目组合的信息。

(3) 批准项目列表。

当前项目工作的组织范围列表不存在。

(4) 信息共享流程。

项目组合信息不易获得或未在整个组织中进行沟通。不存在整合项目数据以供发布的过程。

(5) 项目沟通管理流程。

项目沟通管理过程可能存在，但未取得一致且未形成文件。

(6) 自适应/敏捷性环境。

项目组合和项目沟通管理利用传统的方法和流程，敏捷集成是临时性的。

5. 项目组合资源管理

资源通过临时流程分配给项目。没有可用于分配的资源技能或资产清单。不存在资源管理流程的文档。

(1) 资源分配流程。

使用临时流程，根据可用性将资源分配给项目。

流程文件可能存在，也可能不存在。工作人员争取项目资源方面的延期是很常见的。对有限的高技能劳动力资源的依赖在多个并行项目中过度分配也是很常见的。

(2) 技能鉴定和资产盘点。

不存在描述组织资源能力的技能清单或资产清单。没有资源技能和可用性数据的记录，也没有现成的数据用以评估潜在、未决或正在进行的项目资源需求。

(3) 项目组合资源规划。

资源需求规划流程不存在或仅存在基本流程，以满足近期或未来的项目组合需求。

(4) 自适应/敏捷性环境

项目组合资源管理基于传统的资源供需技术。对许多项目来说，资源是多任务共用的。

6. 项目组合风险管理

使用临时或非标准流程管理风险。不存在项目组合风险管理计划，风险度量是随机定义的。不存在项目组合风险管理的文件。

（1）风险管理流程。

用临时性的或没有标准化的流程来识别、分析或监控项目组合级别的风险。过程文件可能存在，也可能不存在。不存在项目组合风险管理计划。

（2）风险度量和指标。

尚未建立经过定义的项目组合风险度量。

（3）自适应/敏捷性环境。

财务、业务、技术、运营、流程等没有风险责任人。频繁的审查（迭代计划、"每日站会"、度量和回顾）是临时的，缺乏对风险管理的关注。

7. 项目组合管理组织结构

没有正式的管理结构负责项目评估、甄选或拨款。即使存在项目管理办公室，也缺乏管理项目组合的明确方向和权限。

（1）管理组织结构。

没有组织机构负责建立项目组合管理或用于项目组合管理过程的量化项目组合度量。没有组织机构负责项目组合和非项目工作的资金筹措和组成。

（2）项目组合管理功能。

项目组合管理功能可由个人或指定机构（如项目管理办公室）执行，但个人或机构无权管理组织的项目组合。任何个人或指定机构都无权确保遵守组织审查委员会的决定。

（3）自适应/敏捷性环境。

项目组合组织结构遵循传统模式。

8. 项目组合绩效管理

绩效管理流程是临时的或非标准化的。缺乏绩效管理流程的文件。管理控制不一致，因此管理层很少审查项目组合绩效。

（1）项目组合绩效管理流程。

管理当前项目组合的特殊流程或无标准流程。与赞助组织一起审查项目组合时使用临时或非标准流程。未对高风险或高价值项目进行审查。

（2）项目组合信息共享。

项目组合管理控制是非结构化、不合时宜且不一致的。管理层很少审查项目绩效数据。组织很少有最新和完整的可用资产库存。很少评估项目成果或确定经验教训。

（3）自适应/敏捷性环境。

利益或价值实现，但未定义或与路线图、项目组合不一致。没有定义最低可行产品。与组织效益管理无关。

(二) 项目组合管理第二级：结构化流程与标准

项目组合管理存在于业务部门中，并且流程也由该部门来定义。有描述了这些基本流程的文档，但是不一定要对其严格遵守。如果商业价值和优先级在业务部门级别进行审查，项目组合决策就在那里。用于做出项目组合决策的战略标准可能来自企业，但不需要合规性。跨部门计划由临时跨部门治理结构管理。项目组合沟通是业务部门内部的沟通。

1. 项目组合管理

记录并使用基本的项目组合管理流程。项目组合审查委员会存在于业务部门层面。审查委员会的决定可能会考虑战略一致性，但尚未制定普遍的战略标准。定义并记录管理角色和职责。

（1）项目组合管理流程。

管理部门存在基本流程，并记录在案。跨部门管理流程可能存在，也可能不存在。流程没有被严格执行。

（2）与组织战略和目标的一致性。

在项目评估中考虑战略一致性，但尚未正式制定战略标准。

（3）角色和职责。

角色和职责是在管理部门级别层面定义的，但可能不存在于跨部门管理中。尽管有文件记录，但角色和职责并未得到执行。

（4）项目组合审查委员会。

审查委员会在管理部门层面建立，以监督项目机会、项目和项目组合。

（5）自适应/敏捷性环境。

项目组合管理在一个混合环境中运行，对敏捷和精益的理解和应用有限。来自敏捷计划的数据未被完全理解，也未与传统绩效数据整合。

2. 项目机会评估和启动

机会评估、启动和价值确定过程记录在案，并在业务部门级别使用。沟通没有正式化。项目维护计划列表偏简单。

（1）项目机会评估和启动流程。

存在用于识别项目机会的基本记录流程，但未强制执行。项目申请表、项目章程或同等文件用于确定和启动项目。不同的治理组可以使用不同的文档。定义了识别项目机会并启动它们的角色和职责。为每个项目指定了关键利益相关者和近期业务需求。项目经理通过标准报告定期与所有利益相关者沟通。为治理小组编制了项目机会列表。

（2）商业价值的确定。

存在用于确定商业价值的基本文档化流程，但各流程有所不同，也没有得以强制执行。提交项目建议书时需要业务案例文档，但文档并没有在项目之间或小组之间形成标准化。

（3）自适应/敏捷性环境。

项目组合管理在一个混合环境中运行，对敏捷和精益的理解和应用有限。来自敏捷计划的数据未被完全理解，并与传统绩效数据合并。

3. 项目优先级和甄选

优先顺序和甄选流程记录在案，并在业务部门级别使用。优先级方案很简洁，不同业务部门的甄选标准也不同。审查委员会有权终止业务部门内的项目。维护项目融资决策的列表偏简单。

（1）项目优先级流程。

基本的有文档记录的项目优先排序流程在管理级别使用。未严格遵守优先顺序流程。管理级项目组合审查委员会使用组级（Group – level）标准对其项目或项目组合进行优先排序。项目经理或其他指定人员将项目优先级建议传达给利益相关者。

（2）优先排序方案。

使用简单的优先排序方案（1、2、3等）对潜在项目和进行中的项目进行优先排序。优先排序也可以应用于不同的项目类别。优先排序方案基于可能包括战略一致性和业务效益的高级因素。管理级别审查委员会创建、记录和维护优先排序方案。管理层、赞助商和其他利益相关者审查商业价值和优先级。向利益相关者传达优先级计划是管理级别审查委员会的责任。

（3）甄选和拨款流程。

管理级别的流程用于定义商业价值，包括开发业务案例（或等效文档），其细节可能与投资级别成比例。文件化的流程涵盖资金决策，但不同的管理部门可能采用不同的甄选标准。可能不会强制执行甄选和拨款程序。管理审查委员会有权终止其项目组合中的项目。

（4）自适应/敏捷性环境。

项目机会评估和启动功能包括在用户价值和重要战略中，但缺乏定义。优化和校正是临时行为。敏捷项目组合以混合模式管理。

4. 项目组合和项目沟通管理

存在用于报告项目信息和将项目信息聚合到项目组合视图中的流程，但这些流程没有标准化。项目在业务部门级别进行分类，并为业务部门创建项目组合视图。沟通在业务部门级别进行。

（1）项目分类。

每个项目都由一个管理级别的项目组合审查委员会进行分类，以确保投资平衡，并满足组织的目标。类别（如项目、职能领域、战略与战术等）可能因管理团队而异。审查委员会创建并维护类别列表，负责记录内容并将其传达给利益相关者。

（2）定义的项目组合信息。

有基本项目组合数据来表明描述性信息、所有者和赞助商、时间安排和估计资源以及高级状态或重要性。

（3）批准项目列表。

有维护活动和待定项目的列表，并定期更新。组合项目列表分发给目标利益相关者。

（4）信息共享流程。

整合项目数据以构建项目组合视图。项目组合信息通过会议和其他沟通流程在整个组织内进行沟通。

（5）项目沟通管理流程。

文档化的沟通管理流程用于审查和更新管理组内的项目信息。跨组织项目的沟通管理是对项目负有领导责任的管理团队的工作。

（6）自适应/敏捷性环境。

项目组合和项目通信管理在混合环境中运行，对看板和产品路线图的理解和应用有限。来自敏捷计划的数据没有被完全理解并与传统的绩效数据和报告整合。

5. 项目组合资源管理

资源管理流程在业务部门层面进行记录和执行。资源清单包括技能和能力，以及非人力资源的清单，业务部门将利用这些资源来配备人员和执行计划。指导方针管理跨部门的活动。

（1）资源分配流程。

项目优先级是在管理部门级别确定的，但没有以跨部门和协作的方式管理资源优先级的指南。所有流程的文档都存于管理部门级别。

（2）技能鉴定和资产盘点。

管理部门以项目矩阵管理的协作方式管理资源并进行配置。资源根据其技能集和可用性进行分类识别。非人力资源（设备、硬件、软件许可证以及执行测试和其他技术任务的专业团队）的库存和可用性数据在管理部门级别进行维护。

（3）项目组合资源规划。

存在一些为在管理部门级别的项目组合提供高级计划和预测未来的资源需求的流程。

（4）自适应/敏捷性环境。

产品组合资源管理由产品待办事项决定。团队成员不能同时承担其他产品或团队的任务。

6. 项目组合风险管理

风险管理流程在业务部门层面进行记录和执行。然而,流程的使用和组合风险管理计划的编制并不是强制性的。风险测度和度量是在业务部门级别定义的。

(1) 风险管理流程。

风险管理流程存在,并在管理部门层面进行记录。这些流程可能会实施,也可能不会实施。项目组合风险管理计划可能存在,也可能不存在。在项目评估、甄选、优先排序、授权和项目组合平衡的过程中,考虑项目组合风险评估。风险管理流程包括在项目组合和项目级别上的识别、分析、跟踪、缓解计划、升级和响应计划等。

(2) 风险度量和指标。

基本风险测度和度量在管理部门级别定义和记录,但不需要在项目组合管理中使用。

(3) 自适应/敏捷性环境。

专注于重要战略的技术风险。经常进行审查,但缺乏对风险管理的关注。

7. 项目组合管理组织结构

业务部门建立管理其项目组合的流程。业务部门对项目计划具有资金决策权。跨部门沟通是通过委员会进行的。设置业务部门项目管理办公室是为了促进业务部门组合审查和管理业务部门组合。

(1) 管理组织结构。

业务部门负责建立其项目组合管理流程,定义和维护项目组合度量和指标,并强制遵守项目组合流程。业务部门对项目和非项目工作的资金筹措和组合具有决策权。跨部门举措由受影响的利益相关者特设委员会管理。项目组合报告仅限于业务部门。业务部门向管理部门的报告可能有也可能没有。

(2) 项目组合管理功能。

这些职能由指定的业务部门(如项目管理办公室)执行,项目管理办公室负责管理项目组合沟通,推动业务部门项目组合审查委员会发展,并确保业务部门遵守投资审查委员会指定的项目组合流程和程序。

(3) 自适应/敏捷性环境。

项目组合组织结构在一个混合环境中运行,敏捷的项目组合管理符合传统模型。

8. 项目组合绩效管理

绩效管理流程在业务部门层面进行记录和执行。业务部门项目组合审查委员会通过将成本和进度实际值与估计值进行比较来监督每个项目的绩效。如果项目表现低于标准，项目组合审查委员会将采取纠正措施。

(1) 项目组合绩效管理流程。

有项目监督管理部门监控所有项目的成本和预期进度。项目组合审查委员会采用既定标准，将实际成本和进度数据与预期进行比较，定期监督项目绩效。项目组合审查委员会指导对未达到预定绩效标准的项目进行特别审查，制定纠正措施并跟踪审查。赞助商定期审查项目组合信息。高风险和高价值项目得以确定，而且通常会接受审查，以向执行管理层报告当前问题。

(2) 项目组合信息共享。

信息共享包括分析和报告项目组合状态，包括图形、图表和演示。该流程涉及组织内的多个层次，包括高级管理层、指导委员会、项目管理办公室和其他利益相关者。每个项目的最新成本和进度数据都提供给相应的项目组合审查委员会。

(3) 自适应/敏捷性环境。

在效益或价值实现中，定义了最低可行产品，但与产品路线图价值无关。

(三) 项目组合管理第三级：组织标准和制度化流程

标准化、文件化和强制执行的流程，包括甄选和优先排序，已到位并在整个组织中实施。审查委员会监督所有与组织战略一致并基于组织价值的项目组合决策。有指标用于分析绩效。资源在整个组织中进行管理。项目组合风险管理计划已到位。业务部门项目组合被合并为单个组织项目组合。

1. 项目组合管理

建立了标准化、文件化和强制执行的项目组合管理流程。企业项目组合审查委员会监督所有业务部门审查委员会。企业项目审查委员会设置与企业战略目标一致的项目组合决策标准。

(1) 项目组合管理流程。

包括跨部门管理在内的标准化、文件化流程得以在整个组织中实施。

管理流程须强制性遵守。项目组合管理流程包括项目和非项目工作，它们相互竞争共同的预算和资源。

(2) 与组织战略和目标的一致性。

制定了具体的战略标准，如与业务战略的一致性、客户满意度和竞争优势，并根据这些标准对项目进行评估，以确定其在项目组合中的接受程度。

(3) 角色和职责。

标准化、文件化的角色和职责为每个管理级别（包括组织范围的项目组合治理）所明确定义。履行职能和完成职责是强制性的。

(4) 项目组合审查委员会。

建立了一个组织范围内的项目组合审查委员会，以监督各个管理部门审查委员会的文件化运作。该委员会对所有项目和项目组合具有最终决定权。

(5) 自适应/敏捷性环境。

项目组合治理遵循敏捷和精益流程与技术。项目组合委员会使用敏捷绩效数据，以产品为重点。

2. 项目机会评估和启动

机会评估和启动流程在整个企业中形成标准化并得到实施。受控文件描述了所有过程。项目价值公式是在企业级定义和维护的。有正式途径的沟通，包括建立企业范围的项目组合数据存储库。

(1) 项目机会评估和启动流程。

存在一个有文件记录的用于识别和跟踪项目机会的组织范围的流程。对流程的遵守是强制性的。采用并维护一个包括正式审批在内的正式的项目启动流程并强制遵守。有标准化的、组织范围内的项目申请表、项目章程或同等文件用于识别和启动项目。向每个请求者提供正式沟通机会，确定项目机会或启动项目的当前状态。项目机会被捕获并保存在组织范围的项目组合存储库中。

(2) 商业价值的确定。

组织范围的流程和文档用于定义项目的商业价值。该流程包括与项目管理过程、财务和会计实践以及其他业务流程相结合的标准业务案例。明确定义了建立商业价值的角色和职责。标准化的商业案例文档被制度化，用于项目价值确定。在项目获得资金并与其他项目组成项目组合之前，有一个检查项目基本成本、收益、进度和风险特征的过程。每个项目组合审查委员会确保在其控制范围内验证每个项目的成本、收益、进度、风险和其他所需数据。

(3) 自适应/敏捷性环境。

项目机会评估和启动功能包括已定义和记录的、具有相关用户价值的长期目标和中短期目标，这些目标在适当级别体现了用户价值和重要战略。产品组合优化和调整由产品领导层、产品经理和产品所有者进行。

3. 项目优先级和甄选

在整个企业中，存在标准化和文件化的流程来确定项目组合优先级并进行项目甄选。优先级方案和甄选标准是在企业级定义的。业务部门项目合并为一个单一的、有资金支持的企业项目组合。与利益相关者的沟通是正式的，包括使用企业范围的项目存储库。

(1) 项目优先级流程。

使用了全面、标准化和文档化的项目优先排序流程。在整个组织中都严格遵守优先顺序流程。管理人员根据标准分析新项目提案并确定其优先级。组织范围的项目组合审查委员会使用该标准对其项目及项目组合进行优先排序。将组织范围内的优先项目合并列表分发给预先确定的利益相关者。将优先级列表分发给所有利益相关者的责任属于单个管理部门。

(2) 优先排序方案。

存在一个灵活的优先排序方案，用于根据组织范围的项目组合审查委员会制定的商定标准对工作组合进行排序。优先排序方案被记录在案，并被所有管理级别使用。组织范围内的项目组合审查委员会强制执行优先级计划。优先排序方案支持项目与组织战略和目标的一致性。优先级数据被捕获、更新、传达和存储，所有利益相关者都可以随时获得这些信息。优先标准可能包括定量、定性、统计、具体战略、业务效益、财务和资源目标。

(3) 甄选和拨款流程。

采用标准化、文件化的流程对新项目提案进行甄选和拨款决策。流程的遵守有强制性。整个组织的董事会有权也有责任在合并的项目组合中终止项目。有一个可以将有价值的项目进行比较的流程，并将选定的项目组合到一个受资助的组织范围的项目组合中。决策者遵循向组织传达用于甄选和拨款项目的标准的程序。建立、更新和维护项目组合开发信息库。

(4) 自适应/敏捷性环境。

项目优先级和甄选功能包括一个经维护的组合看板和为用户价值在适当的级别上定义的重要战略。

4. 项目组合和项目沟通管理

通信过程在项目和端口级别进行标准化和执行。信息在整个企业层级上传播给目标利益相关者群体。

项目的分类由企业决定，项目组合存储库有助于企业级投资决策。

(1) 项目分类。

项目分类在整个组织中进行了标准化和文档化，以提供项目负荷的有序、差异化视图。这些类别支持项目与组织战略和目标的一致性。类别被捕获、更新、传达和存储，所有利益相关者都可以随时获得这些信息。

(2) 定义的项目组合信息。

跟踪每个项目的详细信息。信息应包括描述性和性能详细信息、高级项目的资源估计、商业价值数据、状态、项目分类以及成本和进度统计。还可以对每个项目或工作机会的风险信息进行跟踪。

（3）批准项目列表。

对项目列表或数据库进行维护，以描述新项目、已完成项目和组织范围项目组合的更改。

（4）信息共享流程。

存在一个将项目组合信息从端口汇总到组织层面的流程，用于审查和评估对投资余额的影响。每个项目的详细信息可在项目状态报告中获得，并分发给相应的利益相关者。聚合的项目组合信息（如价值、资源使用、项目状态、成本和计划差异）被编译成项目组合汇总报告，并分发给目标受众。沟通过程涉及多个组织层面，包括高级管理层、指导委员会、项目管理办公室和其他利益相关者。

（5）项目沟通管理流程。

有一个用于维护所有项目计划信息的标准化、文件化的项目沟通管理流程。

（6）自适应/敏捷性环境。

项目组合和项目沟通管理遵循敏捷和精益流程与技术。

5. 项目组合资源管理

资源管理流程是标准化的、记录在案的，并在整个企业中得到应用。企业项目组合审查委员会确定项目优先级。预计业务部门领导将优化选定项目的资源配置。维护非人力资源的资产库存，包括可用性信息。

（1）资源分配流程。

项目优先级由组织范围的项目组合审查委员会确定。部门领导应根据资源技能、优先顺序和既定的项目优先顺序来合理分配资源。资源分配存在标准的、文件化的程序，并强制使用这些程序。

（2）技能鉴定和资产盘点。

资源库管理流程可捕获整个组织的技能集、可用性和知识管理。库中还描述了除人员以外的资源，包括设备、硬件、软件许可证、专业团队（如执行测试的团队），以确保所有约束都被跟踪。资源成本数据被捕获、存储，并可供整个组织的项目组合经理随时调用。

（3）项目组合资源规划。

资源预测数据被项目组合经理和管理机构用于未来的项目组合决策分析。现有的流程可预测未来的人力资源需求和其他有形资源，包括企业项目组合级别的员工项目需求所需的实物资产和共享服务。

（4）自适应/敏捷性环境。

项目组合资源管理可以跨团队、跨依赖关系来管理敏捷团队的能力和需求。

6. 项目组合风险管理

企业层面风险管理的实施有标准化和文件化的流程。企业项目组合审查委员会采用企业范围的风险度量和标准来分析对项目组合的威胁。超过风险承受能力水平的项目组合会触发行动，这些行动将被记录在所需的项目组合风险管理计划中。

（1）风险管理流程。

标准化、文件化的项目组合风险管理流程被整合到整个组织的项目组合管理流程中。严格遵守风险管理流程。创建并执行风险管理计划。在每个项目组合中对风险进行优先排序和分类，并确定风险责任人。在项目评估、项目甄选、项目优先级、项目授权和项目组合平衡的管理过程中考虑了项目组合风险。

（2）风险度量和指标。

定义、实施标准化、文件化的风险度量和标准，并在组织范围的风险管理过程中使用。

（3）自适应/敏捷性环境。

重点关注企业重要战略的财务、业务、技术、运营、流程和组织风险。对风险进行频繁审查，使其在各环节中显现出来。

7. 项目组合管理组织结构

企业项目组合审查委员会将所有企业范围的项目组合管理流程标准化。董事会在资金方面拥有最终决定权。所有业务部门的项目组合都整合到企业项目组合中。企业项目管理办公室（EPMO）负责敦促企业项目组合审查委员会的行动并管理企业项目组合。

（1）管理组织结构。

企业级项目组合审查委员会负责建立整个企业使用的项目组合管理流程，定义和维护整个企业的项目组合度量和指标，并强制遵守企业项目组合流程。所有业务部门的项目组合都整合到企业项目组合中。企业项目组合审查委员会对企业层面项目组合的资金和组成以及非项目工作具有最终决策权。跨业务部门计划由企业项目组合审查委员会设立的正式委员会管理。包容性企业项目组合报告是通过将所有业务部门报告聚合到单个企业报告和仪表板报告中而建立的。

（2）项目组合管理功能。

这些职能由指定的企业机构（如企业项目管理办公室）执行，该机构确保业务部门项目管理办公室根据企业项目组合审查委员会制定的指导方针管理其项目组合。企业项目管理办公室负责推动将业务部门组合和跨部门计划整合到单个企业组合中。它还负责推动企业项目组合审查委员会的运作。

（3）自适应/敏捷性环境。

项目组合组织结构遵循敏捷和精益流程与技术。

8. 项目组合绩效管理

标准化和文件化的绩效管理流程适用于整个企业。企业项目组合审查委员会使用组织范围的指标来分析企业项目组合的绩效。执行超出可接受控制限度的项目需要提出并采取纠正措施。

（1）项目组合绩效管理流程。

存在用于分析和报告企业项目组合的组织标准和制度化流程。（汇总包括业务部门、功能部门、项目类别等）组织标准涉及使用一致的数据字段、通用定义和标准业务规则。利用各种观点积极分析项目组合，并用于进行平衡投资。现有流程以项目监督流程为基础，增加了效益和风险管理要素来控制流程活动。使用既定标准，项目组合审查委员会确定未达到预定成本、效益、进度和风险绩效预期的项目。项目组合审查委员会确保项目经理制订行动计划，以实施确定的纠正措施。所有项目都要接受审查，以向管理层通报当前问题。

（2）项目组合信息共享。

对所有项目进行审查，并向管理层通报当前问题。

（3）自适应/敏捷性环境及优势/价值实现。

最低可行产品由关键利益相关者批准，并与组织利益管理保持一致。

（四）项目组合管理第四级：管理流程

项目组合管理与其他业务流程整合。程序识别、评估并选择新的机会，与进行中的工作一起排序确定优先级。项目组合包括项目和非项目工作，流程与其他业务流程整合。审查战略变更对项目组合的影响。持续审查绩效，并吸取经验教训和提高能力。可根据需要向决策者和其他利益相关者提供项目组合信息。通信过程提供端口组合状态摘要报告。利用企业绩效指标改进流程。在整个组织中定义资源需求。在整个企业项目组合中管理和跟踪风险。

1. 项目组合管理

项目组合管理与其他业务部门和企业业务流程整合。项目组合包括项目和非项目工作。审查目标及其变更对项目组合的影响。吸取的经验教训用于提高决策能力。

（1）项目组合管理流程。

项目组合管理与其他业务流程整合，以确保项目在执行前成功协调。

（2）与组织战略和目标的一致性。

项目组合调整标准与运营数据及财务数据整合，以对其进行优化。项目组合考虑因素包括项目和非项目工作。

(3) 角色和职责。

确定和评估项目机会以及确定其在所有项目和其他工作中的比较价值的角色和职责是相结合且统一的。组合项目工作的角色和职责与非项目工作的角色和职责相结合。

(4) 项目组合审查委员会。

组织范围内的项目组合审查委员会在批准项目建议以供甄选和确定优先级时，检查所有项目、项目组合和非项目工作的适合性。组织范围内的项目组合审查委员会批准核心项目及项目组合的甄选标准，包括基于组织任务、目标、战略和优先级的成本、收益、进度和风险标准。组织战略的变更将导致决策标准的必要变更。组合审查委员会将吸取到的经验教训和项目组合状态整合到当前和未来的决策中。

(5) 自适应/敏捷性环境。

项目组合治理是基于敏捷和精益流程与技术的组织。项目组合管理委员会按照规模化的敏捷方法组建和运作。

2. 项目机会评估和启动

机会评估和启动与其他业务部门和企业流程整合。制定了识别新项目机会的流程。对价值确定公式进行可靠性审查。吸取的经验教训用于提高决策能力。所有各利益相关者都可以访问企业项目组合存储库并接受其培训。

(1) 项目机会评估和启动流程。

有一个实施后审查的过程，通过在审查中将实际结果与最初估计值进行比较，从过去的项目和举措中学习。在审查期间，收集、评估和分析定量和定性项目数据的可靠性。与流程和个人投资相关的经验教训和改进建议被记录在案或储存在知识库中，并上报给决策者供其参考。通过搜索企业项目组合存储库，可以获得相关项目机会信息。

(2) 商业价值的确定。

确定商业价值的流程与其他项目管理流程、财务和会计实践以及其他相关业务流程相结合。存在将单个项目收益结果与启动前商业价值评估进行比较的过程。然后，这些指标揭示了商业价值公式准确性的趋势度量。组织范围内的项目组合审查委员会在有利时对商业价值公式进行更改。在将项目收益与价值估算进行比较时，假设项目执行在可接受的时间和成本参数内，不会影响收益实现。

(3) 自适应/敏捷性环境。

项目机会评估和启动能力遵循组织层面的敏捷和精益流程与技术。战略调整使用敏捷性能数据是以产品为中心的。

3. 项目优先级和甄选

优先级和甄选与其他业务部门和企业流程整合。根据组织战略和目标的变化，更新优先方案和甄选标准。吸取的经验教训用于提高决策能力。所有各利益相关者都可以访问并参加企业范围项目存储库的培训。

（1）项目优先级流程。

优先级流程与其他业务流程整合，以确保项目在执行前成功协调。通过分析历史收益和成本信息修改、验证标准模型和业务优先级流程。获取内部基线，并用于评估当前的项目优先级流程。作为优先级流程的一部分，收集、审查、分析并吸取经验教训。

（2）优先排序方案。

组织范围内的项目组合审查委员会批准核心项目组合优先级标准。这些标准基于组织的使命、目标、战略和优先事项。战略的改变将导致优先标准的改变。项目组合调整标准与运营数据和财务数据相结合，以达到优化目的。项目组合考虑因素包括项目和非项目工作。定义度量标准以表明优先级方案对增加商业价值是有效的。存在定期更新工作组合优先级得分和商业价值的流程。

（3）甄选和拨款流程。

组织范围内的项目组合审查委员会根据组织的任务、目标、战略和优先事项批准核心项目组合甄选标准，包括成本、收益、进度和风险标准。使用累积经验和事件驱动数据审查项目组合甄选标准，并酌情修改。项目组合审查委员会批准或修改项目生命周期内所有选定项目投资的年度成本、收益、进度和风险预期。

（4）自适应/敏捷性环境。

项目优先级和甄选功能遵循组织层面的敏捷和精益流程与技术。组织有可量测性的证据。

4. 项目组合和项目沟通管理

项目和项目组合沟通过程得以整合，以提供项目组合状态摘要报告。对项目信息和项目组合列表进行审计，以确保数据有效。可根据需要向决策者和其他利益相关者提供项目组合信息。

（1）项目分类。

类别已经建立，并由组织范围内的项目组合审查委员会负责维护。组织战略的变更可能导致项目类别的变更。

（2）定义的项目组合信息。

项目组合信息由内部审计团队进行审计，以验证数据。

（3）批准项目列表。

项目列表由内部审核团队审核，以验证数据。组织的资产清单是根据书面程序编制和维护的,并描述了变更程序。保留历史资产库存记录,以供将来甄选和评估。

(4) 信息共享流程。

决策者和其他受影响方可根据需要获得项目投资信息。

(5) 项目沟通管理流程。

该流程与组合通信管理流程整合,以提供组合信息的概要和详细视图。

(6) 自适应/敏捷性环境。

项目组合和项目沟通管理是基于敏捷和精益流程与技术的组织。规模化的敏捷技术正在组织层面使用。

5. 项目组合资源管理

组织范围内的项目组合审查委员会负责定义满足资源需求所需的资源类别,审查其使用情况,并根据绩效审查结果和经验教训修改流程。

(1) 资源分配流程。

定期的资源分析和报告可确保组织在实现项目目标和项目组合的财务驱动因素方面最大限度地提高其潜在生产力和效率。组织范围内的项目审查委员会根据绩效指标和经验教训改进资源分配流程。

(2) 技能鉴定和资产盘点。

组织范围内项目组合审查委员会负责建立和审查项目组合绩效。审查结果包括定义的技能和资产类别,用于定义资源群体并确定需要改进的领域。

(3) 项目组合资源规划。

资源管理基线度量和数据被收集、存储,并用于流程改进。流程要求收集和评估管理经验教训。

(4) 自适应/敏捷性环境。

项目组合资源管理采用团队绩效数据来确定资源容量和需求。

6. 项目组合风险管理

风险管理活动,即对项目组合绩效的风险容忍度进行跟踪和分析的活动。内容有执行内部审计、总结经验教训以及改进风险管理流程。项目组合风险度量和指标由组织范围内的项目组合审查委员会负责定义和维护。

(1) 风险管理流程。

作为项目组合风险管理的一个步骤,定期跟踪、分析和评估所有项目组合的风险承受能力。内部审计团队审查风险管理绩效并报告可能的流程变更。作为改进风险管理流程的一部分,收集、审查、分析并利用与风险相关的经验教训。

(2) 风险度量和指标。

组织范围内的项目组合审查委员会负责定义和维护所有项目组合使用的

风险度量和指标。

（3）自适应/敏捷性环境。

项目组合风险管理在交叉依赖的敏捷团队中是清晰且受监督的。该组织正在利用团队绩效数据来改进项目组合风险管理。

7. 项目组合管理组织结构

项目组合管理组织结构与其他业务管理结构整合。项目管理办公室利用经验教训和收集的指标确定项目组合管理结构的有效性。项目管理办公室向项目组合审查委员会介绍绩效结果。

（1）管理组织结构。

项目组合管理组织结构与其他企业和业务部门结构整合，以确保项目组合管理与业务管理运营相协调。所吸取的经验教训被纳入管理环节的审查和维护中。

（2）项目组合管理功能。

项目管理办公室收集并审查与管理职能相关的基线数据，并收集经验教训，用于对组织管理结构进行分析并得出其在项目组合价值和生产力方面的有效性。项目管理办公室将协助、领导或执行与项目组合管理流程、项目组合决策标准或项目组合度量的有效性相关的所有数据收集和分析工作。

（3）自适应/敏捷性环境。

项目组合组织结构将敏捷和精益流程与技术扩展到组织级别。

8. 项目组合绩效管理

项目组合绩效指标被捕获并用于改进当前的管理流程。企业项目组合审查委员会通过程序来分析和管理资产和项目的投资继承。企业项目组合审查委员会将停止为未能达到预期结果的项目提供资金。

（1）项目组合绩效管理流程。

组织负责维护评估项目组合绩效的流程，以改进当前和未来的项目组合管理过程和绩效。使用商定的方法定义和收集项目组合绩效衡量数据。流程定义了分析和管理已确定的项目投资和资产被更高价值继承者继承的方法。项目组合审查委员会制定了识别可能符合继任状态的项目投资的标准。项目组合审查委员会将根据单个项目或项目绩效重新平衡项目组合，这包括终止对无法达到预期结果的方案的拨款。

（2）项目组合信息共享。

为项目组合定义了共同的目标和标准，并定期与管理层进行评审，以维护和平衡项目组合。

（3）自适应/敏捷性环境。

组织使用绩效数据来提高效益和促进价值实现。

(五) 项目组合管理第五级：优化的流程

内部基线和外部基准用于审查和评估项目组合管理流程的有效性，并促进持续改进。绩效标准以行业标准和趋势为基准。不断审查信息共享和通信，以有效地向决策者提供关键信息。流程的外部审计用于验证管理决策。采取包括外部措施和最佳实践在内的各种措施，使风险得到管控。组织结构以行业标准为基准，将组织的运营与行业最佳实践进行比较，以确定可能有利的变化。

1. 项目组合管理

使用内部基线和外部基准最佳实践对管理流程进行持续改进和审查。战略标准以行业标准和趋势为基准。

（1）项目组合管理流程。

流程用于管理决策，以提高管理流程的价值。

（2）与组织战略和目标的一致性。

战略和指标以标准和行业趋势为基准。当实现改进时，执行标准会做出相应变更。

（3）角色和职责。

为组织的项目组合管理角色的绩效收集基线数据，并将其用作未来角色定义的基准。在需要时对角色、职责和基准进行修改。

（4）项目组合审查委员会。

项目组合审查委员会收集基线绩效数据。定期会同董事会审查运作的有效性，以寻求潜在的改进。将外部最佳实践与内部流程进行比较，以确定潜在的运营改进，并在适当时进行更改。

（5）自适应/敏捷性环境。

企业级的项目组合管理基于敏捷和精益流程与技术。项目组合审查委员会是按照企业规模的敏捷方法组建和运作的。

2. 项目机会评估和启动

外部基准和内部基线用于衡量评估和启动程序的有效性。将商业价值确定算法与外部估值算法进行比较。必要时，项目组合审查委员会将对流程和估值进行变更。

（1）项目机会评估和启动流程。

有一个利用管理决策来改进项目评估和启动的流程。确定外部可比流程并进行基准测试，在需要时进行改进。

（2）商业价值的确定。

将商业价值确定算法与外部估值算法进行比较，以找出差异。在有利的情况下，对商业价值确定算法进行更改。

（3）自适应/敏捷性环境。

项目机会评估和启动遵循企业级的敏捷和精益流程与技术。

3. 项目优先级和甄选

外部基准和内部基线用于评估优先级次序和甄选程序的准确性。甄选方案和流程的外部审计用于验证管理决策。

（1）项目优先级流程。

有一个利用管理决策来提高项目优先级的流程。为组合项目优先排序流程收集基线数据。确定外部可比流程并进行基准测试，在需要时进行改进。

（2）优先排序方案。

将内部优先排序方案与外部优先排序方案进行比较，做出优化。通过聘请外部管理顾问定期审查优先排序方案。

（3）甄选和拨款流程。

收集基线数据以使组织能够分析甄选标准的性能，该数据用作确定未来甄选标准的基准。在需要时对甄选标准和基准点进行更改。对项目组合绩效进行外部审计，以验证拨款项目的标准和流程的绩效。

（4）自适应/敏捷性环境。

项目优先级和甄选功能遵循企业级的敏捷和精益流程与技术，可扩展至企业级。

4. 项目组合和项目沟通管理

检查项目组合数据和项目分类与项目组合绩效的相关性。对项目组合和项目沟通管理流程进行审查，以确保其在支持所有项目组合管理流程方面的有效性。

（1）项目分类。

审查项目和项目组合分类指南是否适合支持所有项目和项目组合管理流程。

（2）定义的项目组合信息。

定期捕获和审查项目组合度量，以确认项目组合中数据结构的相关性，经分析后对收集的项目组合信息集进行改进。

（3）批准项目列表。

审查数据归档和检索程序是否适合支持所有项目组合和项目管理流程，适时做出优化。

（4）信息共享流程。

审查数据分发程序是否适合支持所有项目组合和项目管理流程。

（5）项目沟通管理流程。

将项目沟通管理流程与项目管理的最佳实践流程进行比较，适时做出优化。

（6）自适应/敏捷性环境。

项目组合和项目沟通管理是基于规模化的敏捷和精益流程与技术的。

5. 项目组合资源管理

将资源管理流程与外部最佳实践流程进行比较，以最大限度地提高效率。技能和资产清单用于确定组织未来的资源需求。

（1）资源分配流程。

项目组合资源管理流程与组织外部的最佳实践流程进行比较，适时做出优化。

（2）技能鉴定和资产盘点。

将技能和资产库存与其他库存进行比较，并与其他信息一起使用，以找到改进资源组合的方法，并满足组织的需求。

（3）项目组合资源规划。

获取内部基线和外部基准，并用于评估当前的资源管理流程。

（4）自适应/敏捷性环境。

项目组合资源管理通过吸取经验教训和衡量绩效不断提高资源能力和需求。

6. 项目组合风险管理

分析风险管理过程中产生的风险变化，必要时对流程进行更改。将风险度量和指标与外部度量和最佳实践进行对比，以揭示内部风险控制的弱点。

（1）风险管理流程。

确定项目组合风险管理变化的原因，获取风险管理度量数据。如有必要，项目组合风险管理流程将以改进为目标。

（2）风险度量和指标。

将外部风险措施与内部既定措施进行比较，并在必要时进行更改。

（3）自适应/敏捷性环境。

该组织通过经验教训和绩效措施不断改进项目组合风险管理。

7. 项目组合管理组织结构

管理组织结构以行业标准为基准，以寻求可能的改进。企业项目管理办公室根据最佳实践审查其操作，以确定有利的变更。

（1）管理组织结构。

内部组织结构以行业分析中发现的外部管理结构为基准。随着行业内管理结构的演变，组织也发生相应的变化。

（2）项目组合管理功能。

项目管理办公室将内部实践与外部最佳实践进行比较，并负责在有利时实施流程的变更。

（3）自适应/敏捷性环境。

项目组合组织结构基于敏捷和精益流程与技术，并扩展到企业级。

8. 项目组合绩效管理

内部报告揭示了项目组合绩效趋势，并迅速改进了项目组合管理。对信息共享程序进行审查，以确保向决策者提供的关键项目组合绩效数据的有效性。

（1）项目组合绩效管理流程。

报告是基于对组织中项目组合的所有级别趋势和性能数据趋势分析汇总编制而成的。项目组合流程和改进建议已着手制定并实施。

（2）项目组合信息共享。

审查项目组合绩效报告程序的适宜性，以支持所有的项目组合管理流程并在需要时进行修改。

（3）自适应/敏捷性环境。

组织通过吸取经验教训和实施绩效措施不断改进效益和促进价值实现。

附录 C
自适应/敏捷项目管理术语表

A3：解决问题和持续改进的四步法。使用 A3 大小的纸张（欧洲，类似于美国的 8.5 英寸[①] × 11 英寸）记录信息，①评估当前情况；②进行根本原因分析；③确定最终目标；④记录纠正措施。这种方法广泛用于精益生产。

Acceptance Criteria 验收标准：必须满足的一组预定义要求，以标记用户事项的完成。

Adaptive Management 自适应管理：包括敏捷项目管理和定量绩效衡量的基本原则。在自适应管理下，组织或团队不断学习，并将学习的内容快速应用到当前的工作中。自适应方法通常利用迭代开发周期。

Agile 敏捷：基于"敏捷宣言"中的价值观和原则的一组方法和实践的总称。敏捷不是一个特定的工具，而是一种带有各种框架［如迭代式增量软件开发过程（Scrum）、精益、看板等］的思维方式，为实现敏捷哲学规定了一个过程。

Agile Coach 敏捷教练：能够在使用敏捷方法和实践的转型过程中培训、指导组织和团队的人。

Agile Methods 敏捷方法：以敏捷方式开展工作的各种方法、技术和框架，目标是尽早和逐步交付价值。部分列表包括：

Acceptance Test – Driven Development 验收测试驱动开发

Xtreme Programming 极限编程

Lean Software Development 精益软件开发

Disciplined Agile（DA）严格的敏捷

Dynamic Systems Development Method（DSDM）动态系统开发方法（DSDM）

Feature Driven Development 功能驱动开发

Hoshin Kanri 方针管理

---

① 1 英寸 = 2.54 厘米。

Test Driven Development 测试驱动开发

Behavior-Driven Development（BDD）行为驱动开发

Scrum 迭代式增量软件开发过程

SAFe®（Scaled Agile Framework）大规模的敏捷框架

Kanban 看板

Agile Life Cycle 敏捷生命周期：一种迭代和增量方法，用于识别、创建和（或）优化改进所需工作，以支持频繁交付已完成的工作。

Agile Manifesto 敏捷宣言：2001年记录的价值观和原则描述了一种文化，这种文化不是由重量级软件开发过程驱动的文档，而是一种促进基于人员和协作的组织模式的文化。

Agile Principles 敏捷原则：包含在"敏捷宣言"中，关于开发软件的价值观和原则，并通过这样做来帮助他人。这些原则是为软件行业开发的，现在经常在各种应用领域得到更广泛的应用。

Agile Release Train（ART）敏捷发布培训：一个由敏捷团队组成的长期团队的 SAFe® 概念，与其他利益相关者一起逐步开发、交付并在适用的情况下运行价值流中的一个或多个解决方案。

Automated Testing Software Technique 自动化测试软件技术：团队使用软件工具运行详细的测试脚本来测试软件的技术。

Backlog 待办事项：请参见产品待办事项。

Backlog Refinement 待办事项细化：项目需求和（或）正在进行的活动的逐步细化，团队在其中协作审查、更新和编写需求以满足客户请求的需求。

Benefits 好处：组织可获得的增值的优势、产品和服务。好处既有有形的，也有无形的。

Blended Agile 混合敏捷：两个或多个工作管理框架、方法、元素或实践一起使用，例如与 XP 和看板方法结合使用的迭代式增量软件开发过程。该术语也指使用敏捷和传统瀑布方法。

Blocker 拦阻者（拦路虎）：请参见障碍。

Burndown Chart 燃尽图：在规定的时间段内工作与剩余时间的图形表示。

Burnup Chart 燃尽图：发布产品前完成工作的图形表示。类似于累积流程图。

Business Case 商业案例：批准和资助工作的业务理由。

Business Requirements Document（BRD）业务需求文档：特定工作或产品的所有需求的文档化列表。

Cadence 节奏：工作执行序列的测量序列。类似于时间盒子（Timebox）。

Collaborative Decision Making 协作决策：收集数据（事实）并一起提供信

息，使团队共同做出决策。团队通常有权做出一定级别的决策，决策者在团队中与成员一起做出最终决定。

Co-located 同地办公：团队成员位于同一地点，共同开展工作。

Communications Management 通信管理：计划、收集、存储和更新与工作相关的信息的过程。这是一个随着工作进展而不断实践的过程。目标是为所有受影响和对工作感兴趣的人提供对相关工件的访问。建立并定期维护为工作进度和利益相关者带来的利益提供透明度的节奏。

Consequence 后果：先前发生的事情的效果、结果或结局。

Continuous Delivery 持续交付：立即向客户交付功能增量的实践。

Continuous Integration 持续集成：一种实践，其中每个团队成员的工作产品经常相互集成和验证。

Cost Management 成本管理：定期获取工作成本并将其纳入预算的方式。

Cost Performance 成本绩效：根据目标组织增值收益衡量预算工作成本。

Cross-Functional Team 跨职能团队：由提供增量产品功能和优势所需的各种技能集和专业知识的成员组成的团队。

Cumulative Workflow Diagram（CFD）累积工作流图：显示待办事项的数量和完成进度的图表。它可视化代办事项的数量、正在进行的待办事项的数量以及已完成的数量。该图由表示待办事项、正在进行的工作和已完成工作的波段组成。它会立即突出显示正在进行的工作量的峰值或低值。理想的图表是均匀上升的，除已完成的任务波段外，该波段应持续增长。另请参阅燃尽图。

Daily Scrum 每日站会：一个有时间限制的团队会议，每个团队成员提供：①自上次会议以来的进度；②在下一次会议之前要完成的工作是什么；③指出任何当前存在或预计的工作障碍。通常称为每日站会。

Daily Stand-up 每日站会：参见每日站会。

Defect 缺陷：（多个）产品或可交付成果功能不符合预期结果的测试方案。

Definition of Done（DoD）已完成的定义：当可交付产品准备好供客户使用时，团队就定义和条件达成一致。

Definition of Ready（DoR）准备就绪的定义：当任务、故事卡或待办事项具有开始工作所需的所有信息时，团队就标准或条件达成一致。

Epic 史诗：可以分解为许多较小任务（称为故事）的大型作品。史诗是大型计划的容器，用于实现为组织创造最大价值的主题。史诗具有足够的投资规模，因此在执行之前需要如史诗简介和预算背书之类的商业案例。史诗的持续时间通常为 3~9 个月。

Epic Brief 史诗简介：用于预算背书的轻量级商业案例。

Feasibility Study 可行性研究：对拟议产品或工作的实用性的评估。

Feature 特性：对包含交付商业价值的功能的史诗进行分解。

Flow Master 流程主管：与服务相关的团队的教练，采用连续流程或看板工作管理方法，相当于迭代式增量软件开发过程主管（Scrum Master）。

FSNP（Forming, Storming, Norming, Performing）形成，风暴，规范，执行：团队发展的周期，随着成员的变化而变化。

Framework 框架：计划、开发、测试和交付工作的工作方法。

Functional Requirement 功能需求：由业务所有者定义的产品或服务所需的行为。

Functional Specification 功能规范：系统或服务中产品执行所需的指定功能，通常记录在功能规范文档中。

Grooming Backlog 整理待办事项：产品所有者和团队定期审查剩余的待办事项。故事卡片是有优先级的，因此在待办事项列表顶部的工作项目将成为下一个要处理的项目。

Hybrid Approach 混合方法：一种工作管理方法，结合了敏捷和瀑布式方法，来交付最终产品和（或）服务。通常，在设计阶段遵循传统的瀑布式开发阶段，在实践迭代式增量软件开发过程（Scrum）开发的地方，则会在测试阶段回到传统的瀑布式开发方法上。

Impediment 障碍：阻止团队或团队成员完成计划工作的条件。另请参见拦阻器。

Impediment Log 障碍日志：障碍日志。

Increment 增量：迭代（Sprint）中完成的所有待办事项的总和，包括在以前的迭代中完成的项目。

Integration Management 集成管理：在各个团队成员处理单独的组件后，协调任何仍然需要的工作，以交付产品供发布。

Integrated Testing 集成测试：在软件开发工作中最常见，但也应在过程开发中考虑。这种测试或评估过程或组件是否符合指定的功能要求。

Iteration 迭代：一个定义的开发周期，产生提供价值的工作。

Iteration Planning 迭代规划：团队成员的计划会议，就他们有信心在指定的迭代（Sprint）内完成的故事或待办事项达成一致。

Kaizen Event 改善活动：计划召开的会议，讨论如何改进现有流程，从而实施解决方案。

Kanban Board 看板图：一种可视化工具，通过定义的工作流程来管理工作，其中每个流程都有控制措施以限制在制品中的工作。看板图可以是带有便笺的物理看板，也可以通过看板软件进行管理。

Kanban Method 看板方法：一种管理工作的可视化方法。对待办事项、正在进行的工作和已完成的工作进行可视化追踪，以快速提供进度图片。当团队有能力时，这种方法会拉动工作效率。

Large Scale Scrum（LSS or Less）规模化敏捷（LSS 或 Less）：一个框架，用于将敏捷开发扩展到多个团队的框架，使用十个规模化敏捷原则，以创建多团队敏捷。

Lifecycle 生命周期：产品从理想状态到停用的持续时间。

Mobbing 群体开发：多个团队成员专注于解决工作问题的一种做法。通常，驾驶员和导航员会带领团队完成整个过程。

Minimally Viable Product（MVP）最小可行性产品：只具备满足早期客户需求并为未来产品开发提供反馈功能的产品。

Organizational Bias 组织偏见：影响决策的组织核心价值观或文化，例如，看重进入市场的速度而不是同类最佳，重质量而不是数量等。

Organizational Change Management（OCM）组织变更管理：用于管理组织内变更对人员影响的框架。这些变化通常是由新的业务流程、重大的组织结构变化和（或）文化变化引起的。它有意集中精力来影响行为和思维方式，以协调和促进新的流程和组织变革；它是一种从当前状态过渡到未来状态的结构化方法。组织变更管理是一个战略组成部分，应该在企业、项目组合、计划和项目层面加以解决，并纳入业务案例和待办事项中。

Pair Programing 结对编程：两个开发人员在一个项目上并肩工作，即共享一个工作站，或者一个编写代码和其他测试等。

Pair Work 结对工作：两个开发人员处理同一工作项，类似于结对编程，也称为配对。

Personas 角色：开发一个具有代表性的虚构用户，来表示一个类别或一组具有相同功能需求、角色等的类似最终用户。

Plan–Do–Check–Act（PDCA）计划—执行—检查—行动：用于解决问题和管理工作的计划、执行、检查和行动的连续循环。

Probability 概率：发生某事的可能性。

Procurement Management 采购管理：为完成项目所需的产品和服务与外部供应商建立关系，并管理这种关系。

Product 产品：可以提供给市场的任何可能满足人们需求的东西。

Product/Sprint Backlog 产品/迭代待办事项：一个新功能、对现有功能的更改、Bug 修复、基础设施更改或团队为实现特定结果而可能交付的其他活动的列表。

Product Backlog 产品待办事项：产品负责人和团队为产品维护的按优先级排列的产品需求列表。

Product Demo 产品演示：演示产品或软件的工作原理。

Product Owner 产品负责人：对最终产品或服务负责的人。

Product Release Roadmap 产品发布路线图：可视化高级战略计划以及为在产品模仿中取得成功而将完成的主要工作。

Progressive Elaboration 渐进式细化：一个理解高级计划的过程，其中随着项目的进展，前一阶段被详细规划，后一阶段被更详细地规划。

Project Management Office（PMO）项目管理办公室：一个特定的部门或团队，其中项目/产品工作管理、方法和绩效指标标准化以供企业使用。

Project Visioning 项目愿景：产品愿景描述了产品的目的，创建产品的意图以及为客户和用户实现的目标。

Quality Management 质量管理：确保所有活动在产品目标和项目绩效方面高效和有效的过程。

Requirement 要求：为确保项目成功或完成而必须完成的条件或任务。

Resource Management 资源管理：获取、分配和管理产品工作中的资源。

Retrospective 回顾：定期举行的研讨会，与会者探讨他们的工作和结果，以改进流程和产品。

Risk Assessment 风险评估：识别和分析可能影响产品工作成功的潜在（未来）事件的工作。

Risk Management 风险管理：识别、分析并应对项目或产品工作生命周期中出现的任何风险的过程。

Rolling Wave Planning 滚动波计划：在项目产品或服务的早期阶段，确定详细工作任务以确定范围、时间表和预算的方法。其余的项目工作将在高层次上进行规划。工作计划分阶段进行；初始阶段或迭代将被详细描述，一个阶段完成，下一个阶段将被进一步详细描述。

Rules of Engagement 参与规则：一套自组织团队同意在其中工作以完成商定工作的指导方针。

Scaled Agile Framework（SAFe）规模化敏捷框架：一个结合精益和 Scrum（迭代式增量软件开发过程）原则的框架，它使用三个主要知识体系来管理大规模开发框架：敏捷开发，精益产品开发和系统思维。

Schedule Management 进度管理：管理和控制交付预期工作所需工作的方法。

Scope Management 范围管理：由组织客户定义组织收益并确保收益产生预期价值的方法。该方法与客户协作以交付预期价值。

Scrum 迭代式增量软件开发过程：一套价值观、原则和实践框架，主要用于技术和软件开发，依赖于跨职能团队。反馈周期短，持续改进，快速适应变化并加快工作产品的交付。它是一个广泛使用的敏捷开发框架。

　　Scrum Board：由水平泳道组成的可视化表示"板"，用于管理待办事项、正在进行的工作和已完成的工作。通常有四列："故事""待做""进行中"和"已完成"，为每个冲刺计划并跟踪工作。

　　Scrum Master 主管：负责确保团队在敏捷价值观和原则下运作的团队角色。一些职责是清除障碍，建立一个团队可以有效工作的环境。另请参见流程主管。

　　Scrum of Scrum：为处理同一产品的多个团队大规模的扩展的 Scrum。每天的 Scrum 有助于所有团队的领导。会议主题与团队 Scrums 相同：完成、下一步和障碍。产品的相互依赖、产品集成和产品交付是重点。

　　Scrum Team：由开发人员、Scrum 主管和产品负责人组成的跨职能团队。

　　Self-Organizing Team 自组织团队：由授权并负责交付特定产品的多功能成员组成的团队。该团队不依赖经理来分配工作，而是共同管理相关职责和时间表。

　　Servant Leadership 仆人式领导/服务型领导：以服务团队为主要目标的领导者，选择专注于对团队的支持、授权和同情，而不是在组织内积累权力。

　　Service Request Manager：负责在看板环境中确定服务请求优先级的人员，相当于 Scrum 方法中的产品所有者。

　　Smoke Testing 烟雾测试：在开发周期中对关键功能进行非正式的现场测试，以确保它们按要求工作。

　　Sponsor 发起人：负责为工作提供资源和预算，并使工作团队取得成功的人。

　　Sprint 迭代：Scrum 中定义的工作周期。

　　Sprint Backlog 冲刺待办事项：由产品负责人确定优先级并由团队确定要在指定迭代（Sprint）内完成的工作项的综合列表。

　　Sprint Planning 迭代计划：一个预定的活动，团队成员在会上会面并协作规划最新迭代的工作。

　　Stakeholder 利益相关者（干系人）：将受到工作结果影响的个人。

　　Stakeholder Management 利益相关者管理：一种向利益相关者提供所需透明度和定期更新的方法。管理利益相关者的最佳做法是了解每个利益相关者在接收更新时的需求，以及他们如何受到工作结果的影响。

　　Stakeholder Matrix 利益相关者矩阵：记录有关兴趣和报告需求的利益相关者信息。

Story 故事：特定工作主体的书面需求，通常称为用户故事。这些故事包括最终用户的观点。

Story Point 故事点：用于故事估计，团队将故事点定义为时间度量。

Swarming 蜂巢式：一种所有团队成员都专注于解决障碍的方法。

Theme 主题：派生的是跨组织的特定业务目标，这些目标被分解为史诗。

Timebox 时间盒子：定义的时间段。另请参见节奏。

Unit Testing 单元测试：开发人员对其工作进行测试，以确保产品正常工作。这是在系统和集成测试之前完成的。

User Story 用户故事：产品特性或功能的简短描述。

User Story Mapping 用户故事映射：映射用户故事，以提供功能如何协同工作的高级可视化。

Value Stream 价值流：待交付的产品或服务的记录价值。业务架构中的工件允许业务指定由外部（例如，客户）或内部利益相关者派生的价值主张。价值流描述了发起或参与价值流的利益相关者、创建特定价值项的阶段以及从价值流派生的价值主张。价值流被描述为增值活动的端到端集合，为客户、利益相关者或最终用户创造整体结果。

Value Stream Mapping 价值流映射：记录当前状态，并为客户生产产品或服务所需的信息或材料流设计未来状态。

Velocity 速度：团队在一定时间内完成的工作量。速度可以用工时、任务数量、故事点或用于估计工作的其他度量单位来衡量。

Versions 版本：一组可交付的产品，无论迭代计划如何，都可以发布到市场上。

Weighted Smallest Job First（WSJF）加权最小作业优先：SAFe ® 中使用的一种工具，用于帮助团队对计划列表进行优先级排序。

Workflow 工作流：列出从开始到完成所需任务的顺序路径。

参 考 文 献

J. K. 克劳福德（J. K. Crawford）（2003 年），《项目管理成熟度模型》（*Project Management Maturity Model*），佛罗里达州博卡拉顿：奥尔巴赫。

J. K. 克劳福德（2007 年），《项目管理成熟度模型》（第 2 版）[*Project Management Maturity Model* (2nd ed.)]，佛罗里达州博卡拉顿：奥尔巴赫。

J. K. 克劳福德（2014 年），《项目管理成熟度模型》（第 3 版）[*Project Management Maturity Model* (3rd ed.)]，佛罗里达州博卡拉顿：奥尔巴赫。

项目管理协会标准（PMI Standards），（2017 年），《项目管理知识体系指南（PMBOK® 指南）》（第 6 版）[*Guide to the Project Management Body of Knowledge (PMBOK® Guide)* (6th ed.)]，宾夕法尼亚州纽顿广场：项目管理学院。

第一章

软件工程研究所（Software Engineering Institute）。能力成熟度模型 1.1（Capability Maturity Model 1.1），能力成熟度的所有版本均存档于 https：//cmmiinstitute.com/cmmi/intro（2020 年 4 月 1 日访问）

项目管理解决方案研究（PM Solutions Research）（2011 年），《项目恢复策略》（*trategies for Project Recovery*），宾夕法尼亚州格伦米尔斯：项目管理解决方案。

项目管理解决方案研究（PM Solutions Researc），（2017 年），《战略执行基准》（*Strategy Execution Benchmark*），宾夕法尼亚州格伦米尔斯：项目管理解决方案。

项目管理协会标准（PMI Standards）（2017 年），《敏捷实践指南》（*Agile Practice Guide*），宾夕法尼亚州纽敦广场：项目管理学院。另见 K. 贝克（Beck K.）、M. 比德尔（Beedle M.）、A. 贝纳克（Bennekum A.）、A. 科伯恩（Cockburn A.）、W. 坎宁安（Cunningham W.）、M. 福勒（Fowler M.）、J. 格兰宁（Grenning J.）、J. 海史密斯（Highsmith J.）、A. 亨特（Hunt A.）、R. 杰弗里斯（Jeffries R.）、J. 克恩（Kern J.）、B. 马里克（Marick B.）、R.

马丁（Martin R.）、S. 梅勒（Mellor S.）、K. 施瓦伯（Schwaber K.）、J. 萨瑟兰（Sutherland J.）和 D. 托马斯（Thomas D.），2001 年。《敏捷软件开发宣言》，可在 http://www.agilemanifesto.org/得到（2020 年 9 月 10 日访问）。

第二章

项目管理解决方案研究（PM Solutions Research）（2014 年），《项目管理成熟度：当前最佳基准实践》（*A Benchmark of Current Best Practices*），宾夕法尼亚州哈弗敦：项目管理解决方案。

第三章

项目管理解决方案研究（PM Solutions Research）（2008—2016 年），《项目管理办公室的状态》（*The State of the PMO*），宾夕法尼亚州格伦米尔斯：项目管理解决方案。

第十三章

项目管理解决方案研究（PM Solutions Research）（2013 年），《项目管理成熟度：当前最佳实践的基准》（*Project Management Maturity：A Benchmark of Current Best Practices*），宾夕法尼亚州哈弗敦：项目管理解决方案。

项目管理解决方案研究（PM Solutions Research）（2014 年），《项目管理成熟度状态》（*The State of Project Management Maturity*），宾夕法尼亚州哈弗敦：项目管理解决方案。

J. K. 克劳福德（2011 年），《战略项目办公室》（第 2 版）[*The Strategic Project Office* (2nd ed.)]，佛罗里达州博卡拉顿：奥尔巴赫。

后记

迈克尔·德普里斯科（Michael DePrisco）（2020 年 6 月 30 日），《第一次看〈项目管理知识体系指南〉（第七版）的内部结构》（项目管理协会官方博客）[*A First Look Under the Hood of the PMBOK Guide*, Seventh Edition. (The Official PMI Blog)]。宾夕法尼亚州纽敦广场：项目管理学院。2020 年 9 月 15 日访问 https://www.pmi.org/about/blog/ new‐7th‐edition‐pmbok‐guide。

项目管理解决方案研究（PM Solutions Research）（2018 年），《适应性组织：改变项目管理方法的基准》（*The Adaptive Organization：A Benchmark of Changing Approaches to Project Management*），宾夕法尼亚州格伦米尔斯：项目管理解决方案。

附录 A

项目管理解决方案研究（PM Solutions Research）（2008 年），《提高组织

项目管理成熟度》（白皮书）[*Advancing Organizational Project Management Maturity*（*white paper*）]，宾夕法尼亚州格伦米尔斯：项目管理解决方案。2014 年 8 月 1 日访问 http://www.pmsolutions.com/white_papers/White_Paper_Advancing_PM_Maturity.pdf。

附录 B

项目管理解决方案研究（PM Solutions Research）（2013 年），《对项目组合管理做出承诺》（白皮书）[*Make the Commitment to Project Portfolio Management*（white paper）]，宾夕法尼亚州格伦米尔斯：项目管理解决方案。2014 年 8 月 1 日访问 http:// www.pmsolutions.com/white_papers/White_Paper_Make_the_Commitment_to_ PPM_2013.pdf。

项目管理解决方案研究（PM Solutions Research）（2013 年），《项目组合管理现状》（*The State of Project Portfolio Management*），宾夕法尼亚州格伦米尔斯：项目管理解决方案。2014 年 8 月 1 日访问 http://www.pmsolutions.com/reports/State_ of_PPM_2013_ Research_Report.pdf。

项目管理协会（Project Management Institute）（2013 年），《投资组合管理标准》（第三版）(*Portfolio Management Standard，Third Edition*)，项目管理协会：宾夕法尼亚州纽敦广场。